ウツになったら、神さま見えました

春芽《はるめ》もあ

ナチュラルスピリット

とうてい、信じられないと思います……。だって私が一番信じられなかったんですもの‼

「神さまなんていない！　いたとしても、大きらいっ‼」、「がんばってもがんばっても、うまくいかない！　幸せになれない！」、「神さまは不公平だ！」……そう思っていた私の前に、こんな珍妙な神さまが現れて、言いました。

「あんたの人生をこれから変えてあげるわ！」

……ハッキリ言って、不気味すぎました。いよいよ私も、頭がおかしくなったと思いました。でも……。

そこから、私の人生は変わっていったのです！

ウツになったら、神さま見えました　目次

第2章 神さまのことを知る……095

第3章 自分の神さまの見つけ方……149

第4章　神さまに聞いてみよう！……209

第5章 数秘（自分の性格）からマイ神さまを見つける……237

第1章

オネエの神さまとの出会い

絶望女子の苦闘

私の名前は、春芽《はるめ》もあ。現在、30歳の1児の母。

1992年、北海道の道東、弟子屈《てしかが》町という、札幌から6時間以上かかるという超ド田舎の町に生まれ、ごく普通の家庭で育った田舎女子。

普通に高校を出て、その北海道の中では栄えている街に出て、美容の専門学校に入った。

エステティシャンになると決めたのは、中学2年の時。

「美容の仕事？　しかもエステ？　何それ？」状態の父親には、高校を卒業するまでの5年間、猛反対されていたから、「絶対に見返してやる！　私の人生、私が決めていいでしょ！」と思い、人を美しくキレイに輝かせる、キラキラしていてカッコイイ美容の仕事に期待と夢を膨らませていた。

そんな思いで学生の時から、寝る間も惜しみ、勉強や技術向上のためひたすら努力を続けた。そして日本のエステの資格を取り、猛勉強の末、世界で通用するエステの国際資格も取った。

専門学校卒業後、2013年、東京の大手エステサロンに就職。いよいよ夢が叶う！ずっと憧れていた夢の世界で輝ける日々が……そう思っていた。

しかし……。

社会の洗礼を受けるのに、1カ月もかからなかった。

エステの「エ」の字も知らず、専門的知識もない、人に触れる施術なんてしたこともない大卒の人たちのほうが、給料は私よりはるかに高い。

「お客様に最高の時間を提供したい。すべてはお客様のために！」

そう思って、ずっとずっとがんばってきた。それなのに、現実は私の期待とかけ離れていた。

激務に次ぐ激務。労働基準法なんてあってないような職場環境。上司からのパワハラ。どれだけ営業成績を上げても、ボーナスとして支給されるのは会社の試供品。それでも、ノルマは続くよ、どこまでも……。

大好きなお客様たちに、売り上げのためだけに施術中も必要以上の営業をしなければならない苦痛。

「このお金、本当は違うことに充てようと思っていたんだよね。でも、あなたがそこまで言うのなら……」

その言葉と共に、銀行から下ろしてきたという60万円を封筒から取り出して私に手渡される。

あぁ……どうしよう。

売り上げが上がって、嬉しいはずなのに嬉しくない。心が泣いている。10数万の安月給の私が見たことのないような札束を、平然とした顔で受け取らなければならない……。私は、そんな時ずっと心の中で謝り続けていた。

「お客様、ごめんなさい、ごめんなさい、ごめんなさい」

そんな日々が続く中、私のまわりで不思議なことが起こり始めた。

新人だから、わずかしかもらえない20分休憩。ご飯を食べようと、数時間ぶりに腰かけたベンチで意識を失い……目が覚めると、休憩時間は残り5分。

「ヤッツバ！　朝から何も食べていないし、いま食べなきゃ体力持たない！」

膝の上に置いたはずのコンビニ弁当を急いで開けようとするが……ない。

「……？」

あたりを見渡すと、ベンチの下にコンビニ弁当の空箱が無造作に置かれている。

「……やだ、なんか怖い。私が寝てるからって、誰か食べたの？」

不思議に思いながらも時間はないので、仕事に戻る。しかし、次の日もその次の日も同じ現象が続く。忙しさで気を紛らわせていたとはいえ、さすがにこうも続くと気味が悪い。

そして、それが起こるのは職場先だけではなくなってきた。

冷蔵庫に入れたはずの食べ物がいつの間にかない。もちろん一人暮らしなので他の家族に食べられたってこともない。何か、おかしい……。

そんなある日、友だちが遊びに来た。久しぶりに他愛のない会話を楽しみ、夜も遅いのでそのまま友だちは家に泊まることになった。

翌朝、友だちが私の顔を何度も不思議そうに見ては、集中できない様子で自分の身支度を整えていた。何か言いたいことでもあるのだろうか。私は、彼女が再び私を覗き込んだタイミングで聞いてみた。

「な、何か私に話したいことでもあるの？」

「ううん。昨日の夜ね、もあちゃん、なんか急に起き出したと思ったらぶつぶつ言いながら、冷蔵庫から何か取り出して、むさぼるように食べてたんだけど……覚えてる？」

「え、私が?!」

「うん。ちゃんと私と会話もしてた。いま食べなきゃとか、なんとか言ってたよ」

今まで起きていた不可思議な現象の犯人がやっと分かった。自分自身だった。会話していた記憶なんてまったくない。食べた記憶もない。でも、身体と口は動いていたようだ。

忙しすぎて自分のことを気にかけている余裕なんてなかった。ひょっとすると夢遊病なのかもしれない。

そうこうしているうちに、レストレスレッグスによる睡眠障害が起こり始めた。

レストレスレッグス症候群（むずむず脚症候群）というのは、リラックスすると足や身体がむずむずして居心地悪く、動かしていないと落ち着かず眠れない症状が発生すること。

長時間の肉体労働を終えて帰宅すると、この症状が始まる。

日を追うごとに症状は悪化し、身体が気持ち悪く、不愉快で眠れないので、固く冷たいフローリングの上でひたすら身体を動かし続け、体力が完全に尽き果てて、気を失ったら、やっと眠りにつける……。

それが朝4時。2時間後起床し、もうろうとする意識の中、髪を夜会巻きにセットして、メイクをして出勤。それが数カ月もの間、続いた。

ネットで調べても原因はストレスなので、飲む薬も改善策も特にないらしい。身体は疲れ果て、眠たいのに普通に眠れない身体の気持ち悪さが毎晩、私を苦しめる。出勤前の電車は、最悪。吐き気が収まらない上に、めまいが止まらない。無気力感に襲われる。

仕事中も手は動いているのに、お客様との会話の記憶がない。

「最近、おかしいよ、春芽さん。大丈夫？　病院に行った方がいいんじゃない？」

同僚との会話がかみ合わなくなり、自分でも何を喋ったのか覚えられなくなり、誰と話したのかも分からなくなった時、ようやく私は白旗を上げた。

やる気に満ち溢れていた本来の自分はいなかった。突然、涙が止まらなくなったり、自分でコントロールできない症状が数々あった。感情を正常に感じなくなっていた。それでも、「生きたい」とかすかに思っていたのだろう。

思い描いていた夢の職場は、理想とははるかにかけ離れていて、がんばろうと思えば思うほど、自分が自分じゃなくなっていく感覚……。

頭がボーっとして思考が働かなくなり、それと連動するように身体が鉛のように重くなっていく……。

それでも会社から毎月やってくる鬼のようなノルマを達成するために、身体に鞭打って働くうちに、髪はバサバサ、肌はカサカサ、爪はボロボロ……。

美容の仕事をしているはずなのに、とてもじゃないけど「美しい」とは言えない状態に。

「もう、限界だ……」

そう思った時には、ベッドから起き上がれなくなっていた。

いきなり、オネエの神さまが現れた

２０１３年のある日……。私は精神科にいた。まさか自分がこんなところにお世話になるなんて想像もしていなかった。

病院では紙に書かれた何問かの質問に答えた後、診察室に呼ばれ精神科の先生と話すこととなった。

「ひとことで言うと、ウツですね。お薬、出しておきます」

救いを求め、這いつくばるようにやっとの思いで来た病院では、私みたいな患者ばかりで関心に値しないのか、先生の診断と言葉は冷たくあっさりしたものだった。

「こんなに苦しいのに……こんなにがんばってるのに……人の苦労をひとことで片づけないでよ」

そんなことを思っても、怒りが湧いてくる力もない。

「ウツは甘えだ」、「根性が足りない」と誤解されることがよくある。でも、違う。

実際にウツになった立場からすると、甘えじゃない。

むしろ甘えられなくて、何とかがんばろうがんばろうとして、それでもできなくて、できない自分を責めたりする。そうして過ごしているうちに身体は脳内物質を止めたり、その逆に過剰供給することで、危険信号を出して強制ブレーキをかける……それが「ウツ」。

「がんばれるものなら、私だってもっとがんばりたい……それなのに、それなのに」

父親に猛反対されながらでも叶えたいとずっと思い描いていた夢。大好きなお客様の顔が、感情を抑えられず涙でいっぱいになった目に浮かんではこぼれ落ちる涙と共に、私の夢は次々と消えていく。

上京したての私には、こんな惨めな姿をさらけ出してでも、相談できるような友人はいない。ましてや、不安がありながらも私を送り出してくれた家族にこんな弱い姿を見せて心配なんてさせられない。

故郷のみんなは、私が都会のキラキラした場所でキラキラ働いていると思っている……みんなは普通に仕事をして、結婚して、子どももいて、頼れる友だち、そばで見守ってくれる家族に囲まれて幸せそうに暮らしている。

「いいなぁ、もあは自由で、楽しそうだよね！」などとも言われたけど、とんでもない！あなたたちの方がはるかに羨《うらや》ましい生活を送っているよ。私は社会の激流に巻き込まれ、部屋に戻っても誰一人待っていてもくれず、ひとりさびしく、這いつくばるようにかろうじて生きているのだから。

「私、これからどうしたらいいんだろう」

結局、安月給の私はウツだと診断され、診断書、薬の出費、そして人の冷たさに痛手を負っただけで現状が癒えるわけでもなく、朝からカーテンを閉め切ったままの狭い部屋に戻り、ベッドに倒れこんだ。

病院でもらった薬を飲むのもなんだか怖い……飲んでしまうと終わりのないトンネルに入ってしまうような気がして……。

どうしたらいいか分からなくて、ウダウダ悩んでいたけど、とにかく迷惑をかけてはいけないと思い、職場に電話をかける。

「はぁ？　ウツ？　そんなの気持ちの問題でしょ、明日、来るよね？　よろしく！（ガチャリ！）」

人をなんだと思ってるんだろう。私なりにがんばってきたのに。これまでもサボってなんかいなかったのに。一生懸命がんばったからこんな風になってしまったのに。がんばっていれば、いつか報われると思っていたのに。なんで？　どうして？　なにがいけなかったの……？

「そうか、社会に適応できない、無能な自分が悪いんだ……もういい」

そう思った瞬間、とっさに病院で出された薬をガッとつかんで、水も飲まずに貪り食った。もう死んでもいいと思った。

で……本当にマジで死ぬかと思った。薬を飲んでからしばらくすると、目の前をシューシューと星が流れていく。

「ヤバい、ヤバい、ヤバい!!　本当にガチでヤバい!!」

世界がグルグル回る、回る、回る。まるで、光速のメリーゴーランド！　ヤバい、ヤバい、ヤバい、マジで本当に気持ち悪い。

水を飲もうと起き上がろうとしても、世界が歪んでしまって立ち上がれないし、吐き気が押し寄せる。

「どうして私ばっかり、こんな目に遭わなきゃいけないのっ！　神も仏もいないじゃない！　なんなのよ‼」

意識が遠のいていく中、自分の中の精神が分裂していくのが分かった。いろんな感情、いろんな人格が出てきては消えていく。

ヤバい、本当にこのままじゃ、私、私じゃなくなってしまう！

「神さま、神さま、お願いだから……助けて‼」

数秒前に「神も仏もいないじゃない！」と悪態をついていたのに、なんて都合のいい人間だろうとも思ったけど……とにかく必死だった。

「助けて、助けて、神さま、助けて！　何とかしてください！」

……その時だった。


「あんた、バカねぇ」

実際に聞こえたのか、何なのか、その時は大変すぎて分からなかった。でもたしかに声がした、ハッキリと……。

「あぁ、見てらんないわ！」

また、妙な声が聞こえた。

「私、このまま死ぬのかな」

もうろうとする意識の中で、そんなことを思っていた。視界は暗く、昼なのか夜なのかも分からない。

一体、何時間ぐらい経ったのだろうか、ふいに目が覚めた……ってことは、私、生きてる?!

それでも身体は鉛のように重くて、動かない……。ただひたすら、天上を見つめていた。

その時！

「やっと目が覚めたようね！」

超デカい顔が私の目の前に現れた！

ヌッ!!

「ぎゃぁぁぁぁぁアアアアアア!!」

なになになに?!?! ヤバいヤバいヤバいヤバい!! 目の前に、なんかいる、なんかいる、なんかいる!! ちょっと待って!! マジでヤバイ! ケーサツ、警察!! でも、身体が動かない……ちょっとマジで誰か助けて!!

錯乱する頭、ヤバい現実……やっぱり私、あの時、死んだのかも……。

動けないくせに、明らかにテンパる私に、そのデカい顔が私の顔ギリギリのところで言う。


「あんた、生きてるわよ。簡単に死なせはしないのよ、お気の毒!」


今度ははっきり聞こえ、ハッキリ見えた。何だかオネエみたいだけど、図太い声、どデカい顔、厚化粧……何ですか、これは一体?

私は、テンパリながらも言葉を探した。

「お、大家さんですか?」


「ブフッ、ち、違うわよ!! どこの世界にこんな美貌の大家がいるのよ、ガハハハ!!」

えっと、目の前の物体は明らかに美貌ではないけど……まぁ、そんなことはどうでもいい。

「私、逃げた方がいいでしょうか？」

「逃げる？　逃がさないわよ、一生ね、ムフフフ」

怖っ！

「あなた、ほんと、誰ですか？」

「あたし？　あたしはタワシ」

つまんな……。

「やっぱり、大家さん？」

「Ｏｈ！　Ｙｅａｈ！（オーヤー！）」

もっと、つまんな……。

「で、なんなんですか?! 私はいまそれどころじゃないんですけど！」

「おぉ、どなり返す元気あるじゃない。さてはあんた、仮病をつかったわね？」

「仮病？ ち、違います!! 本当にしんどくて……」

そうは言ったものの、少しだけ身体が軽くなったような気がした。久しぶりに大声を出したからだろうか？

私は少しだけ軽くなった身体を起こして座り直した。そして改めてどデカい顔をじっくりと見てみた。

「……あなた、本当に誰ですか？」

「どうしようかなぁ……言っちゃおうかなぁ、どうしようかなぁ」

「言っちゃってください。気味が悪いんで」

「気味が悪いなんて失礼ね、あんた。じゃあいいわ、言ってあげるわよ。いいこと、あたしはカミよ!!」

「カミ……神さま?! そんなはずないじゃないですか!」

「こっ、こらっ! 当然のように疑うんじゃないわよ。あんた、神さまを何だと思ってんの!」

「だって、こんなヘンテコな神さまいたら大変ですよ」

「こ、この小娘っ、口が達者だわね! それなら、私にさわってごらんなさい!」

そこまで言われたので、どデカい顔の物体にさわろうとしてみた。

でも……さわれない!

「ヒッ! ヒャアア! オッ、オバケッ!!」

「オバケじゃないわよ、神さまなの！　あんた、いい加減にしなさいよ!!」

「は、はい……あ、あなたが神さまだとして、何をしにここに？」

「あんた、覚えてない？」

「はい？」

「あんた、さっき言ったわよね」

「な、なにを？」

「神さま、助けて！　何とかしてください！って」

「……言ったような、言ってないような」

「言ったのよ‼　だから、わざわざ来てやったんじゃないの！」

「返品対応してもらうことは……」

「できるわけないでしょ！　返品不可、生ものよ！」

「……生ものなんですか？」

「ともかく、神さまに願った以上はしっかりやり遂げてもらうからね！」

「……やり遂げてもらうって、何をですか？」

「何とかしてください！って自分で言ったんでしょう！　だからあたしは、しぶしぶ出てきたのよ、しぶしぶよ！　ブーシーブーシーよ‼」

ブーシブーシ……このギャグセンスにはとてもついて行けそうにない。

「とにかく、そういうことだから、あんたの人生をこれから変えてあげるわ！　だから、今日からあたし、ここに住むわよ。いいこと？」

「えっ、住む？　ち、ちょっと待って、勘弁して、こんなのと一緒は無理無理！」

「こんなのと？　こんなのとですって?!」

「いや、あの、気を悪くしないでください。でも、誰か来た時、とてもご紹介できないですし」

「紹介なんかする必要ないわよ、バカねぇ。ほとんどの人があたしの姿なんて見えやしないのよぉ。見えるのはあんただけ！」

「私しか見えないんですか？　でも、やっぱりイヤだぁ。帰ってください！」

「帰らない！」

どのくらいの間、このどデカい顔のオネエと言い合いをしていたのだろうか……。

さすがに私も疲れ果てて、自称神さまの存在に根負けした。

「……分かりました。で、一体、私はどうすれば？」

オネエの神さまは、一人暮らしの狭い部屋の中を見渡し、ロフトを指差した。

「そこ、片付けるのよ！　私の寝場所にするんだからぁ、早くして！」

こうして、私とオネエの神さまの奇妙な共同生活が始まった……。

なぜ、私の願いは叶わないのか？

オネエの神さまが居候するようになって、2日目――。

私は医師の診断書を会社に持っていき、しばらく仕事を休むことにした。

ド真面目な私にとっては勇気のいることだったけど、もうこれ以上、ボロボロにはなれない。

でも、これから生活どうしよう、休業補償なんてないし……。

「あ～ぁ、いつ復帰できるか分からないし、せめてお客様たちにはお礼のあいさつ、したかったな……」

私が悩んでいることに興味がないように、オネエの神さまは、手鏡を見ながら自分の顔にうっとりとしていた。


「この美貌は誰もがうらやむ世界の宝ね……あら?!」

「ど、どうされましたか⁈」

「どこの美貌の女神かと思ったら……あたしじゃないの⁈」

「……(-_-;)」

「あたしって美しすぎて、罪ね、ミーツー！」

「あのぅ、お取込み中すみませんが……あなた、私の人生を変えてくれるって言いましたよね」

「言ったわよ。でもあんた、本当に人生変えたいと思ってるの？」

「……そりゃ、もう」

「幸せになりたいの？」

「はい、そりぁもう！」

「そうなのね？　なら、仕方ないわ。ちょっと、あたしについてきなさい」

オネエの神さまはそう言って、家から徒歩5分ぐらいのところにある、あまり人気のない神社に私を連れ出した。

「あいよ！」

「はい？」

「願ってみなさい。叶えてあげるから」

「本当に？　やったぁ！」

私は手を合わせて、お賽銭箱に10円玉1個を入れて、なんとなく覚えていた二礼二拍手一礼みたいなのをしてから、ありったけのお願いごとを言ってみた。

「私の人生をなんとかしてください、幸せになりたいです、お金が欲しいです、働きたくないです、好きな仕事だけしていたいです、健康になりたいです、一生寝ていたいです、いつもキレイでいたいです、いい出会いがほしいです、白馬の王子さまが私の前に現れてほしいです、贅沢は言わないけど玉の輿がいいです、できたらイケメンがいいです、身長は高い方がいいかなぁ、話が上手で、私のことを大切にしてくれて、浮気しない人がいいです……よしっ！

あのぅ、オネエの神さま？」

「なによ？」

「お願いしました！　どうぞどうぞ、遠慮なく叶えてください！」

「もう叶えたわよ」

「え？」

お願いが叶った様子はまったくない。白馬の王子さまは現れてないし、私はノーメークでほぼ寝巻でバサバサ髪……。

「あのぉ……なんにも叶えてもらってませんけど」

「叶えてるわよ」

「叶ってないって！」

「だまらっしゃい！　あんた、神さま、なめてんの？」

「い、いいえ、なめるなんて、そんな……」

「今、あんたが願ったこと、全部言ってあげるわよ」

「よ、よろしくお願いします」

「人生なんとかしてください、幸せになりたい、お金が欲しい、働きたくない、好きな仕事だけしていたい、健康になりたい、一生寝ていたい、いつもきれいでいたい、いい出会いがほしい、白馬の王子さまが現れてほしい、贅沢は言わないけど玉の輿がいい、できたらイケメンがいい、身長は高い方がいい、話が上手で、私のことを大切にしてくれて、浮気しない人がいいです……だったわね？

ハッキリ言うけど、あんた、結局、どうなりたいわけ？」

「どうなりたいもこうなりたいも……お願いした通りなんですけど」

「じゃあ聞くけど、幸せになりたいって言うけど、どう幸せになりたいの？」

「……そのへんは何とかうまいこと、神さまが調整してくれれば」

「はい、次！　働きたくない、好きな仕事だけしていたい……これなに？　あんた、働きたいの、働きたくないの？」

「働きたくはないんですけど、もし働くとしたら、好きなことだけしたいということですね」

「はい、次。一生寝ていたいって、あんた、寝たきりの病人がいいの？」

「いやいや、そういう意味では」

「お金は欲しいけど、働きたくない、でも好きな仕事はさせろ、健康になりたいと言って、一生寝ていたい……

神さまからしたらよ、一体どうしてほしいのか、何を叶えてほしいのか、どうなりたいのか、まったく意味が分からないわけ！」

「……そうですか」

「グチャグチャなお願いを伝えられても、神さまだってどうしていいか分かんないわよ。で、あんた、どうせ言うんでしょ？　『やっぱり願いなんて叶わない、やっぱり神さまなんていないんだ、不公平だ！』って。

あたしら神さまからしたら、めっちゃ迷惑なわけ、あんたみたいな幸薄女《さちうす》が一番！」

「幸薄……すみません」

「そうよ！　幸薄に加えて、穢《けが》れちゃってる」

「……穢れ？」

「汚《よご》れじゃないのよ。神さまの世界ではね、穢れって気《け》が枯れてることをいうの。気が枯れる、いわゆる元気がない状態ね」

「……元気ないですか？」

「イライラしてたり、怒ってたり、心配ごとや不安なことがあって欲にまみれていて、過去にトラウマがあって、心にいつも引っかかりがあって、物事をまっすぐに見れない……そういう状態をあたしたち神さまは、気《け》枯れ、穢れと言ってるの。今のあんたがそうね！」

オネエの神さまにそう言われて、かなりギクッとした。私なりに強がってはみたものの、つらい時も一人で抱え込んでいくうちに素直に物事を見れなくなって、結局は精神科通い……。

「赤ちゃんは、まっさらな状態で産まれてくるでしょ？　でもその人生のなかで、たとえばつらいことや苦しいことがあったり、人に裏切られたり、傷つけられたり、努力が報われなかったり、そういった経験があると、それが心の穢れとなってこびりついていって、だんだん物事をまっすぐに見れなくしてしまうの。その結果、自分で自分のことが分からなくなって、何が自分の本当の願いかも分からなくなるの！

いいこと？　神社に来て願いが叶わない最大の理由は、自分がどうなりたいか分かってないってことなのよ」

「……じゃあ、どうしたら？」

「願いを叶えてもらうといっても、それなりにちゃんとしたやり方やルールがあるって話よ。それを今から教えてあげるわね」

「……」

「返事は？」

「は、はい、お願いします！」

「よろしい！　じゃあ、願いを叶えるための基本の基本を教えてあげるわ。まずは、あっちをごらんなさい！」

神さまが指さした先にあったのは、神社によくある、あの手を洗うところ。

「これは手水舎《ちょうずや》。てみずやとも言うわね。で、ここをごらんなさい！」

見ると、手水舎の正面部分の石に「洗心」と刻まれている。

「洗心、イコール、心を洗うということ。これは神さまの前に立つ時には、心の穢れを洗（祓《はら》）ってから来なさいよ、という意味よ。とにかく、やってみなさい！」

フムフム、これくらいなら分かる。そこに書かれている手順通りに柄杓《ひしゃく》で水をすくい、両手を流し、水を口に含んでゆすぐ……。

不思議なことに、心なしかさっきまでグチャグチャだった心の中が少しスーッとして、クリアな感覚になったような……。

「これは、全身を水に浸かって神前の前に立つにふさわしい状態を作るための禊《みそぎ》を簡略化したものよ。古くは、川や海、滝や温泉などで身を清め整えていたわ。次は、あっちをごらんなさい！」

オネエの神さまが指さした方向を見ると、さきほど願いごとをした神社のお社《やしろ》の中。そこには鏡があった。

「あの鏡は、ご神体と言って、あの鏡に神が降りてくるの。要するに、あれが神なの。どういうことか分かる？」

「どういうことでしょう？」

「神さまである鏡の前に立つと、誰が映る？」

「……自分？」

「そう、自分。だからさっきも言った通り、自分自身の心をそのまま映し出すのが神さまという存在。鏡《かがみ》から我《が》を取れば、神《かみ》になると言われるように、我という名の心の穢れを祓って祓って、真っ白になって初めて、心に願った願いが、そのままスーッと神さまへと届き、現実となるわけ！」

「鏡《かがみ》から我《が》を取ると、神《かみ》……なるほど」

「じゃあ、もう一回やってみるわよ」

そう言われ、私は改めて本殿というのか、そこの前に立った。と、目の前に鈴がぶらさがっている。

「これは鳴らした方がいいですか？」

「鈴一つ取ってもはっきりとした二つの意味があるのよ。一つは音と振動を発生させることによって、神さまを呼び出すこと。神さまというのは、目には見えない存在。でも、たしかに存在している。
だから、神さまを呼び出すために、鈴で音と振動を発生させる。そう考えたら、いつ鳴らすのがいい？」

「最初に？」

「そういうこと！　そして神社の鈴のもう一つの意味よ。ちょっと鳴らしてごらんなさい」

私は、目の間に垂れ下がる綱を持って、左右に振ってみた。シャリンシャリンシャリンシャリ～～ン♪♪

「どう感じた？」

「……なんかきれいな音ですね。心が洗われるというか」

「そう！　この鈴の音もまた、手水《ちょうず》と同じく祓《はら》いの一種。きれいな鈴の音に浸ることによって、あんたの心の穢《けが》れが清め祓われているの」

そう言われると、そんな気もする。

「ここ最近、こんなきれいな音に耳を傾ける余裕もなかったというか……」

「それに気がつけたのも穢れが祓われてきている証拠。今、あんたの心は、将来に対する不安や心配ごと、いわゆる穢れで埋め尽くされたものが祓われて、少し余裕が出てきている。願いごとを頼む前に、まずはこうやって元のすばらしい自分に戻ることが大切なのよ。ほら、改めて願ってみなさい！」

そう言われて、改めて二礼二拍手一礼をした。

「……お賽銭はいくら入れれば？」

「お賽銭というのは、日々の感謝の気持ち。昔は海の幸や山の幸が取れたことへの感謝の気持ちを込めて、収穫物を供えていたのよ。それが時代の流れの中で貨幣経済へと進展し、お金に代わっていった。
でも感謝の気持ちの表れであることは変わらないから、あなたの日々の感謝の気持ちをそのまま入れればいいの。決して1万円だから願いが叶うとか、1円だから叶わないとか、そんなことじゃないのよ！」

といっても、お金ないしなぁ……と、ほぼ無職の今の私にとっては貴重な百円玉を入れて、改めて二礼二拍手一礼をして、手を合わせてみる。
すると、さっきとは変わって、スーッと願いごとが自然に思い浮かんだ。
「(……早く元気になって、たくさん笑えますように)」

「**それよ！**」

「……これですか」

「そう。心の奥底にある本当の純粋な願いこそが叶うものなの。それが穢れにまみれて、本当の自分の願いが分からず、穢れたままで願いを伝えても神さまには伝わらない。ごちゃごちゃな状態が現実化するだけ。
だって、それはあなた自身が自分にウソをついているのと一緒だからね！　純粋な自分を思い出して、願いを届ければ、神さまは必ず願いを受け止めるわ」

穢《けが》れを祓《はら》って、
真っ白な心に浮かんだ願いは、
神さまに届く。

トイレの神さまに秘められた真のご利益《りやく》

以来、私はリハビリがてらの散歩も兼ねて毎日、神社を参拝することにした。寝間着じゃなくて、ちゃんと着替えて。

すると、10日も経つと少しずつ体調が良くなってきているのが分かった。

「本当に神さまがいるとしたら、こういう時に感謝をすればいいのかな……」

ヌッ!!

視界の外から、またデカい顔が現れた。

「わぁっ!!」

「本当に神さまがいるとしたらって、あんた、神さま、見えてるじゃない」

「どこに？」

「ここっ、こーこよっ!!」

「そうなんでしょうけど……なんか、もうちょっと、これぞ神さま！って感じがした方がいいんですけど」

「幸薄《さちうす》女が、ぜいたく言うんじゃないわよ！」

「だ、誰が幸薄なのよぉ!!」と怒鳴り返そうかと思ったが、一応は神さまと名乗るオネエだ。不満はあったが、口論してもしょうがないと思いとどまる。

「今日は体調もいいので、少し遠出して、パワースポット巡りにでも行ってきます」

オネエの神さまにそう言って向かったのは、東京都内のある神社。有名なスピリチュアルカウンセラーがブログで紹介していて、見える人には龍が見えるとかで……。

本殿の前でお賽銭を入れ、目をつむって手を合わせる。願いごとを心の中で呟いたあと、少しの期待を込めてうっすらと目を開けてみる。

すると、龍が、見えた……わけでもなく、再び奇抜なメイクの顔が現れる。


ヌッ!!


「そんな穢《けが》れたよこしまな心じゃ、神さまなんて見えやしないわよぉ！」

「つ、ついて来てたんですか？　てか、なんですか、いきなり？」

「神さまにも姿の見方、声の聞き方があるのよ！　あんたは今のところ、願いが叶わないダメ女のパティーンね」

「パティーン？」

「発音が良すぎたようね……パターンよ」

「……はぁ」

「はぁ、じゃないわよ!! そもそも、あんた、ここの神さまがどんなご利益《りやく》を持ってるのか知ってるのかしら？」

「ご利益……知らないです」

「自分で考えることもせず、言われたことだけしかしない。そんなんじゃ、神さまの姿も声も見えも聞こえもしないわよ！」

「……いいじゃないですか、別に」

「いいこと？　ナニナニさんが紹介していたパワースポットと言って、キャピキャピするんじゃなくて、日本の神さまについて知りたければ、もっと大切なことがあるの！　ちょっとこっちに来なさい！」

だった。

「えぇっ?!　いま来たばっかりなのに！」

オネエの神さまに連れていかれたのは、家から歩いて数分の、あまりよくは知らない神社
「何だかんだ言っても、あんたが住んでいる地元の神さま、その神さまが一番近くであなたを見守ってくれてるんだから、その神さまを大切にしないでどうすんのよ！　いろんなパワースポットにノコノコ行ってる場合じゃないのよぉ！」

「そうなのかもしれないけど……って、ん？　あの人……」

境内の外の駐車場に、ド派手な赤い車にド派手なピンクの服を着たお姉さんがいた。

「何してんだろう？」

「彼女、ゴミを拾ってるのよ」

そうっと近寄ってみると……たしかにゴミを拾っている。と、お姉さんが私に気づいた。

「な、何かご用ですか？」

そうっと近付いてくる私に、ド派手なお姉さんは超ドン引き。

「やーね、あんた、明らかに不審者よ。一緒にされたくないから、あたし、あっちに行ってるわね」

「はい……いや、その、す、すいません、何をしてらっしゃるのかなと思いまして……」

ド派手なお姉さんは、『見りゃ分かんだろ』とキョトン。

「え～っと、ゴミを拾ってます」

「なんでまた、ゴミ拾いを？」

「なんで、とは？」

「いや、その～、私も最近、神社に興味があって行き出したのですが、何か意味があるのかな～なんて」

「そう、ですか」

ド派手なお姉さんは、私への警戒心を少し緩めたようだ。

「別に特別なことはなくて……もともと私、あまり体調が良くなくて」

「体調良くなかったんですね。すみません、ゴミ拾い中に邪魔しちゃって」

「もういいんですよ、ゴミ拾いはほとんど終わりましたから」

ド派手なお姉さんはそう言って、軍手を外して話を続けてくれた。

「一年以上、ずっと体調が良くなくて……全身が痛くて、どこの病院に行っても原因不明って言われて、治らなくて」

「そうだったんですか」

「身体が痛すぎて、つらすぎて、苦しすぎて、毎日死にたくて、もう自分の力ではどうにもならない、というところまで来たんです。そんな時に、もう神頼みでも何でもいいからと自分が生まれた土地の神さま、氏神さまにどうか、どうか助けて下さいと真剣にお願いしたんです」

「……はい」

「それから、毎日毎日、すがる思いで氏神さまに参拝を続けてたんですけど、ある日、ふと参拝帰りに、結構ゴミが落ちてるなぁって気づいたの。頼むばかりじゃなくて、神さまに喜んでもらえることもしないといけないんじゃないかなって思い始めて……」

　初対面とは言え、聞いてくれることがよほど嬉しかったのか、当時を思い出しながら話すお姉さんの口調がどんどん和らいでいくのが分かった。

「初めてお会いして聞くのもあれですけど、何か変わりました？」

「恥ずかしい話なんですけど、最初の一日目、ゴミを拾ってたら涙があふれてきちゃって……私もまだゴミを拾える存在なんだって。それまでは自分のことを認められずに、自分のことをあきらめるようになっていたから」

「……」

「ゴミが拾える自分が愛しくて……だんだんと生きていること、いつもまわりに誰かが居てくれること、支えられていることに感謝の気持ちが芽生えてきて……そうしたら身体の痛みが、ウソじゃなくて少しずつ良くなっていったのね」

「わぁ、そんなことが？　すごい！」

「病《やまい》は気からって言うでしょ？　体調自体はゴミを拾い始める前も今もあまり変わらないのかもしれないけど、気持ちが変わると前向きになるというか、感じ方が変わるんでしょうね……言葉にするのはむずかしいんだけど」

「貴重なお話し、聞けて嬉しかったです。ありがとうございます！」

「ううん。こちらこそ、なんか、ありがとう」
ド派手なお姉さんはそう言って、ゴミの入った袋を持って、自分の車の方に戻っていった。

ヌッ!!

「ただいま!」

「ねぇ、聞いて聞いて! あのお姉さん、すごい立派なことしてました!」

「知ってるわよ、そんなことぐらい! あのお姉ちゃん、ゴミ拾いだけじゃなくて、マジですごいわよ。もう一度、ちゃんと見て、見習いなさい!」

そう言われたので、ド派手なお姉さんの様子をもう一度、そうっと見に行ってみた。すると……

「へぇぇ~?! トイレ掃除までしてる!」

「そうよ。ここまでされて、力になってあげない神さまがいると思う？　このあたりには何千、何万人もの人間が住んでるのよ。その中でたった一人、毎日、神社のまわりを掃除して、みんなのイヤがるトイレ掃除までしてくれる。正直、守ってあげたくなるわよね！
身体のこともそう。いい病院が見つかるようにとか、いい情報が入ってくるようにとか手配してあげよう、仕事のこと、家庭のこと、金銭面のこと、何とか良い縁を運んであげよう
……それが神さまの気持ちよ」

「あぁ……なんだか心が洗われるようですね」

「そうよ、あんた！　どんどん洗われたほうがいいわよ！」

ド派手なお姉さんの献身的な姿を見て、私も見習おうと、少し気恥ずかしい思いをしながらも、足元に落ちていたタバコの吸い殻を拾ってみた。

「あんた、気づいてるかどうか分からないけど、実はあの姉ちゃんを一番応援している神は

氏神とは別にいるのよ。よぉく見てごらんなさい！」

神さまが指差したその先……トイレ掃除をするお姉さんにピッタリと寄り添うように見守る小さな女の子の神さまがいた。

「あっ、見えた！　あの神さまは……」

「彼女は厠神《かわやがみ》。昔々からいろいろな家々で祀られていた、日本古来の民間信仰の神さまよ」

「さっきまでは見えなかったのに……」

「お姉ちゃんの姿を見て、話を聞いて、あんたも心が洗われたのよ。あんたの心の穢《けが》れが祓《はら》

われて、純粋に見れるようになった。

神さまは自然と共にある存在だから、あんたたちの心も自然であるがままに戻れば戻るほど、見えるものなの。前にも言ったけど、大切なのは何よりも心の穢れを祓うことなのよ！」

「なるほど……ちなみにあの神さまはトイレの神さまですか？」

「そう。トイレの神さまと言えば、他にも水波能売神《みずはのめのかみ》とか埴山姫神《はにやまひめのかみ》とか、仏教では烏枢沙摩《うすさま》明王《みょうおう》とかもいるけどね。

あの神さまたちは井戸の神、水の神、土の神、炎の神といった他の起源や信仰があるの。その中でも純粋なトイレの神が厠神ね。あの神さまの力を甘く見ちゃいけないわよ。あの子には、落ちてるタバコを金の延べ棒にするぐらいの力があるんだから」

「うひょ〜〜！　金の延べ棒、見てみたい！」

「魔法みたいにタバコの吸い殻を金に変えるんじゃないのよ。でも厠神に好かれれば、タバコを一本拾ったり、トイレをきれいにするだけで金運を運んでくれる、そういうご縁をつないでくれる力があるの」

「そういう歌が流行りましたね。♪トイレ〜には　それはそれは　きれいな　女神さまがいるんやで〜♪　って」

「あんた、かなりの音痴ねぇ……まぁそれはいいんだけど、そもそもトイレっていうものについて考えないといけないのよ。

昔のトイレは今とは全然、違うの。昔はすべてボットン便所で、もう臭くて、汚くて、ハエがたかって、仕方なかったわけ。夜に足を踏み外して落ちて、子どもが死んじゃうなんてこともよくあったの。

だから、下から手が出てきたとか、あの世とこの世の境目とか言われて、何かしらの神がいるとなったわけね」

「……怖いですねぇ」

「そんな臭くて怖いところだけど、生活をする上で欠かせない、大切な大切な場所なわけでしょ？　トイレが無かったら、どんな大富豪でも生活できないのよ。生活の大切さのすべてを司《つかさど》りながらも、みんなにイヤがられるという何とも矛盾した、かわいそうな神さまが産まれたわけ。それが、厠神《かわやがみ》なのよ」

「厠神さま……尊い」

「だから厠神はね、めちゃくちゃ力を持ってるの。人間の人生を３６０度グルンッと変えるぐらいの力をね！」

３６０度じゃ、元に戻るんだけど……。

「１８０度でしょうか？」

「うん？　いいのよどっちだって！　厠神はね今までたくさん傷ついてきたから、臆病で、引っ込み思案で、口下手で、大人しいの。ただ人間が大好きで仕方がないの。でも、自分なんかが近寄ってはいけないって本気で思ってるのよ。

だから、あのお姉ちゃんみたいに手を差し伸べてくれると、もう嬉しくて嬉しくて仕方がないの。そうやって大切にしてくれる限り、全力で、もうどの神さまよりも親身になって、身を削るように力になってくれるのよ」

「……厠神さまって、なんか可愛い」

「トイレ掃除はね、人がイヤがることをする、すなわち徳を積むってことで、あのド派手なお姉ちゃん自身が持っていたかもしれない見栄やプライド、欲望、怒り、嫉妬、後悔などなど、これまでの穢《けが》れ、気枯れが根こそぎ祓《はら》われることで、心の枠がドカーンと空く。そして、そこに厠神の力がドンドンと注ぎ込まれていくってこと！　トイレ掃除が究極の開運法と言われているゆえんがそれよ」

「まるで、神さまと人間の二人三脚ですね」

「そうそう、二人三脚！　あんたも少しは分かってきたのかしら？　だから、あのド派手なお姉ちゃん、これからドンドン幸せになっていくと思うわよ。仲間の神さまを大切にしてくれるんだから、あたしたち他の神さまだって力を貸すしね」

さっきのド派手なお姉さんは神社のゴミ拾いとトイレ掃除を終えて、真っ赤な車のトランクにゴミ袋と掃除用具を詰め込んで帰っていった。

その彼女の横にはもちろん、厠神が嬉しそうにピッタリと寄り添っていた……。

どんなところにも神さまはいる。
その中でも人がイヤがるところにこそ、
強い力を持つ神さまがいる。

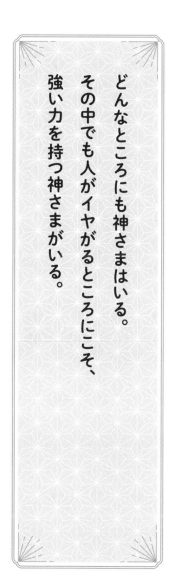

貧乏神に好かれる人の特徴

「何、ボヤボヤしてんの？　次、行くわよ」

「ど、どこ行くんですか？」

あわただしいオネエの神さまに連れられて向かう道中、見たこともない量のゴミであふれかえったゴミ屋敷があった。

「ひぃっ、これはひどいですね！」

「あっちゃ～、こりゃ完全にやられてしまってるわねぇ」

「……やられてしまってる？」

「貧乏神によ！」

「貧乏神って本当にいるんですか？」

「そう、いるのよ……よぉ〜く見てごらんなさい」

「ウワァァァァ！　本当だ。どうしてまたこんなひどいことになっちゃったんだろう」

「この家の人、貧乏神に好かれやすい人だったのかもね」

「貧乏神に好かれやすい？」

「いるわよ。貧乏神に好かれるとね、お

金が入っても入っても、それ以上に出ていってしまう。どこか満たされない気持ちから使っちゃう。色んなものをため込んで、そのうち食べるものにも着るものにも困る。どんどん人が自分から離れていく」

「……悲惨ですね」

「しかも厄介なのはね、貧乏神を追い出そうとすればするほど、うまくいかない。原因を恨めば恨むほど、その恨みや怒りをエサにして、ドンドン増殖していくのよ。ほら！」

「イヤァァァ……怖すぎる！」

「でしょ、恐ろしいでしょ？　でも、あぁなったら完全にアウトね」

「た、対策を教えてくだせぇ、神さまぁぁ!!　ヘルプ、ヘルプ！」

「まず、貧乏神に好かれる人間がどんな人かを知ることね。貧乏神は欲深い人、ありがとうと言えない人、感謝の足りない人、人やお金を大切にしない人、他人に分け与えることができない人、部屋が汚い人、モノを必要以上にため込んで捨てられない人……ざっと言うとそんな感じね」

「そ、そうなんですね（掃除しよっと！）」

「中には、いま言ったような状態じゃないのに、貧乏神に好かれる人がいる」

「えぇ、それはイヤっ！　教えてぇ、マイゴッドォ、オーマイゴッドォ〜！」

「都合のいい時だけ、神さまを崇《あが》めるんじゃないわよ。教えてあげるからちゃんと覚えておきなさい。それは、言葉づかい」

「言葉づかい？」

「大して貧乏でもないのに、お金がないって言ったり。貧乏ヒマなしと言ってみたり、全然儲かりませんわとか言う人、いるでしょ？」

「……（私もそう？）」

「そういう言葉って、貧乏神に指名を入れてるようなもんなのよね……ん？　ボクのこと呼びました？　ご指名ありがとうございま〜すってなるわけ」

「そんな指名なんぞ、入れたくない！」

「神さまも人間と同じで、自分の専門分野とか自分と近しい話をされると、共感できるから近寄っていくのよ。月の美しさを語ると月の神さまが近くに来るし、勉強の話をしてると学問の神さまが来るし、美貌の話をしてたらあたしが近くに来るし……ってわけぇ～」

「美貌の話……（だったら違う神さまのような気が）」

「要はそんな感じで、自分を自分で貶《おとし》める言葉を使えば使うほど、貧乏神を招いてるんですよってこと」

「気をつけなきゃなぁ」

「でも、貧乏神の存在も悪いことばかりじゃないのよ」

「ん、どうして？　どう見たって悪いことばかりじゃない？」

「それはあくまでも、人間から見た視点の話なのよ。神さまの采配はもっと大きな視点で動かされてるの。じゃあ聞くけど、貧乏神に好かれたらどうなる？」

「……貧乏になる」

「そう！　それは誰もがイヤなことよね。できることなら避けたいこと。でも、実はそこには人間が生きていく上で大切なことが隠されているの」

「大切なこと？」

「会社は順風満帆だった、お金に困ることもない、好きなものも買える、人はみな自分の言うことを聞く……そんなAさん。でも、ある日、貧乏神に憑かれて、Aさんはみるみるうちに没落していく」

「……はい」

「あれだけ自分のことを持ち上げてくれていた人たちもどんどん離れていき、残ったのは家族だけ。その家族だって将来はどうなるかことか？　そして、着るものにも食べるものにも困る状態になっていく」

「……いやはや」

「でもただ一つ、救いがあったのよ。Ａさんは貧乏神を決して恨まなかった。没落した原因を他に求めずに、すべて自分自身の行いと見た。そして、深く深く反省をした」

「……うん」

「反省して分かったのは、Ａさん自身の傲慢さや油断、周囲の人やお金に対する感謝の気持ちの欠如だったの。そして、深く深く反省ができた時、気づけたのは、今、あることへの感謝。
そんな状態になっても、幸いにも家族は近くにいてくれた。少しは食べるものはあるし、着る服もある。小さくはなってても住む家だってある。感謝を知っていくことで、彼の生き方が変わっていったの」

「そこから幸せになれますか？」

「貧乏神に好かれ、とり憑かれる前は、モノやお金にいっぱい囲まれてはいた。でも、そこに本当の愛はあったのか？　利害関係ではない絆はあったのか？　その時の自分はどんな顔をしていたのか？
貧しさを知ったことで、本当に大切な人は誰か？　すべてを失ってもまだ残っている大切なモノは何か？　本当の幸せとは何か？　本当の豊かさとは何か？　そういうことを教えてくれるために貧乏神は存在しているのよ、本当はね」

「そうか……だから貧乏神を恨んだりしたら、逆に増殖してしまうんですね」

「そういうこと！　まだ分からないのか！って親身になって叱ってくれてるのよ。すべて良き存在、すべてありがたき出来事。それが、神さまの道よ」

「私、感動しました！」

「感動ついでに、もう一つだけすごいこと教えてあげるわ。貧乏神の正体よ！」

「正体？」

「あんたも前より自分に矢印を向けられるようになってきたから、特別に教えてあげるわ」

「ぜひ！」

「貧乏神の正体は、実は福の神なの！」

「えぇぇぇ、どういうこと!?」

「福の神の中でも本当の福を教える神。生き方を変え、感謝を教え、人には与え、徳を積み重ね、幸せな人間関係を続けていくことこそが、本当の繁栄を築く道なんだよ、ということを教えてくれる福の神」

「なるほど……福というのはお金だけじゃないですからねぇ」

「お金だけを追い求めて、結果的に大金を手にしても何も満たされなかったということがよくあるように、お金は生活を豊かにするためのツールにすぎないわ。本当に自分を豊かにしてくれるものは、お金だけじゃないのよ」

「本当に自分を豊かにしてくれるもの、ですか？」

「人によってさまざまよね。例えば、家族の笑顔、自分の好きなことをする時間、人との絆や信頼関係、健康的に過ごせる身体、安定した精神、おしゃれを楽しめること、ふかふかのベッドでぐっすり眠ること、旅行など新しい体験をすること、人に何かを与えたり共有することだとか、自分が豊かだなぁっと感じるものは、すべて幸福であり、豊かさを招くものよ。お金だけではなく、徳を含めた広い範囲の豊かさに目を向けることね。

本当に自分を豊かにしてくれるものはなんなのか。そこを履き違うと、どれだけ求めるものを手にしても幸せにはなれないってことが起きるのよ。他人が作り上げた理想ではなく、あんたにとっての豊かさ、幸福とは何かしら？」

「私は人に何かをして、ありがとうを言われた時、美容室に行って髪が整った時なんかに感じるかなぁ」

「いいんじゃない?! あなたたちがそうして気づいて、生き方を変えることができたなら、その瞬間に貧乏神たちは、ものすごい力を持った福の神に変わるのよ。

がんばってもがんばってもうまくいかない時、そういう時こそ、自分の生き方を見直して、貧乏神たちの存在を通じて本当の豊かさ、幸せに気づいて、貧乏神の存在に感謝しなきゃい

けないわね」

「すべて良き存在、すべてありがたき出来事ですね」

「そうよ。だから、ここも福の神が溢れた場所にできるはずなのよ。私たち神さまは、いつだってあなたたち人間を応援してるの。時には、気づいてくれ～!!ってあえて試練を与えたり、見えないところで危機を未然に防いだり、必要なご縁をこっそりつないだりして……いつだって、あなたたちを応援しているわ」

悪い神さまというのは、本来いない。
どんな神さまも人間のあやまちに気づかせるためにいて、
『本当の豊かさ』に気づいて自分で改善できれば、
すべて良い神さまに変わる。

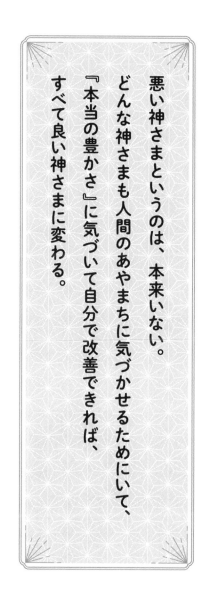

お願いするより前に大切にしたいこと

「今度はどこ行くんですか？」

「これが、今日の最後よ！」

と、オネエの神さまに連れて来られたのは……。

「ここも神社ですか？」

「ここの天満宮には、マイフレンドがいるのよ」

「天満宮？　受験の時とかに来る学問の神さま？」

「あら、知ってるじゃない！」

夏の時期だからか、受験生らしき若者の姿は見当たらない。境内にある樹々のおかげで幾分か暑さが和らいでるとはいえ、道産子の私には不慣れな、ジリジリと照り付ける太陽の日差しと葛藤しながら、私はオネエの神さまに付いて境内を歩きはじめた。

「あぁ、それにしても日差しが痛い。今にも焦げそうなんだけど」

「まぁ、こっちの夏はこんなもんよ」

そう言いながらオネエの神さまは、慣れた様子でスタスタと先へ進む。

「わぁ、すごい！　ここはいろんな神さまが祀ってあるんですね！」

「大きな神社には主祭神《しゅさいじん》という神社のメインの神さまの他に、摂社末社《せっしゃまっしゃ》と言って、神社にゆかりのある神さまをたくさん祀っていることがあるのよ」

「みなさんにそれぞれご利益《りやく》があるんですよね？」

「そう、みんなそれぞれ違うご利益を持っているの。それがこの日本という国の八百万《やおよろず》の神の特徴ね……あら、道真《みちざね》ちゃんじゃない！」

道真「あれ、久しぶりじゃないですか！　どうしました、急に？」

現れたのは、明るく気さくに話す男性の姿。

オネエ「たまには、あたしの顔見たいかと思って。元気にしてた？」

道真「元気も何も！　今の時期はまだ受験シーズンじゃないですから！……そちらのかたは？」

「はい、私は、春芽もあと申します。お会いできて光栄です」

道真「もあさんですね。初めまして、菅原道真と申します」

オネエ「道真ちゃんは、すごくおもしろい神さまなのよ」

道真「あまり変なこと言わないでくださいよぉ」

オネエ「有名な話だけど、この人ね、神さまになったきっかけが実は怨霊《おんりょう》なの」

「お、怨霊?!」

道真「ちょっとぉ！　それは昔のこと！」

オネエ「歴史上まれに見る天才として、平安時代、それほど高くない身分から一気に政治の表舞台を駆け上がった人なの」

道真「いやいや、照れるなぁ」

オネエ「でもね、時の権力者の藤原時平の嫉妬を買って、失脚。北九州の大宰府に左遷されてしまったの」

「それ、高校の日本史の授業で聞いたことあります！」

オネエ「それで、左遷された2年後に病死するわけなんだけど。そこからはもう因縁の相手を祟《たた》りで殺しまくりよ」

「こわっ！　マジもんの怨霊じゃないですか？」

オネエ「それに加えて火雷天神《ほのいかづちのおおかみ》と合体して、京都に雷、落としまくり！　まぁ、それで困った人たちが怒り狂う道真ちゃんの御霊《みたま》を鎮めるために、京都に北野天満宮を置いたのが天神の始まりなわけ」

道真「だって、時平のこと許せなかったですもん」

オネエ「御霊を神に祀り上げて、怒りを鎮めようとしたものを御霊信仰というのよ」

「勉強になります。　でも、どうして怨霊の道真さまが学問の神さまになったんですか？」

道真「まぁ自分で言うのもなんですが、生前の業績が大きかったようで、さきほどの経緯をきっかけに、天神が日本全国で祀られるようになりまして、現在では全国1万4000社以上です！　これは、日本の神々の中でも第4位です！

そして、信仰のあり方の一つとして、生前の文人や学者としての業績もあって、次第に学問の神としてのご利益があるという風習が作られていったんですよねぇ」

「とても秀才だったのですね！」

オネエ「秀才っていうより天才よ、あたしみたいにね、ガハハハ」

「ガハハハ……って」

道真「代々、学者の家系ってこともあってか、私自身、学ぶことが楽しかったんですよね。あとは、江戸時代になって寺子屋が全国的に広がった時、必ずそこに私の尊像を掲げていただいてたみたいで。その印象が深くみなさんの心に残り、影響も大きかったんでしょうね。そんな経緯で、学問の神さまとなったわけです。

もあさん、何か他に聞きたいことありますか？」

「簡単に頭が良くなる方法って、ありますか？」

道真「それは正直言って、ご自分の努力次第ですね。本当にそう望むのであれば、私たちは関連したご縁つなぎはしますよ。例えば、頭が良

くなりたいのであれば頭がいい人の考え方を知るために、頭がいい人との出会いの機会を作ったり、志望校への合格を望むのであれば、学びの環境が整った場所に縁をつなぐだとかね。ただ、そのうえで一つだけお伝えしておくことがあります」

「なんでしょうか？」

道真「神々に支援、応援される上での心構えというものですが、やはり私たちも神ですから、お願いする方の心持ち次第で、応援の力やその効果も鏡を映すように変わってまいります」

オネエ「前に言った、穢《けが》れ、祓《はら》いのことね。心が邪念や雑念でいっぱいだと神さまの力が入れないってわけ！」

道真「その通りなんです。神頼みだけでして、何もせず、ただ他力本願だけでは私たちがつないだ縁も切れてしまいます。逆に、誠実な人、素直に行動できる人にはドンドン力を貸してあげたくなるのです。

目の前の課題に素直に取り組める人、目の前のご縁を誠実に大切にできる人。そういった方々はつないだご縁がちゃんと良い形になっていきますし、応援のしがいもありますね」

「誠実に素直に行動ですね」

道真「私が生前に詠んだ和歌があります。

♪　心だに　誠《まこと》の道に　叶いなば　祈らずとても　神や守らん　♪

誠実で素直な人間は、あれやこれやと祈らなくても神に守られます、という意味です。まさか自分が神さまになるとは思っていませんでしたが、実際なってみるとその通りでしたね。どうです、いい和歌でしょう？」

オネエ「自分で言うんじゃないわよ！」

道真「楽しくいこうじゃありませんか！　まっすぐな心で神に向き合い、まっすぐな心で日々に向き合い、まっすぐな心で一つ一つ、一人一人を大切にしているのか？　神さまが見ているのはそういうところなんですね」

「道真さんのお話は分かりやすい！　今日学んだこと、大切にします！」

道真「またいつでも来てください！　何といっても1万4000社の神ですから！　全国第4位です、第4位!!　あっ、それとですね、私には他にもいい和歌がありまして……、

♪　東風《こち》吹かば　匂ひおこせよ　梅の花　あるじなしとて　春を忘るな　♪

これは、わが家の梅の花よ。東風が吹いたら、私のいる大宰府まで匂いを届けておくれ。主人がいないからと言って、春を忘れてはならないよ、と当時の私の気持ちを詠んだものです。いいでしょう、いいでしょう？　まだまだありますよ、聞いてくれます？」

オネエ「はいはいそこまで、道真ちゃん！　楽しいの分かるけど、神さまのイメージイメージ！　彼女の中で、真面目で謙虚な学問の神のイメージ、絶賛崩壊中よ！」

「ほんとそれ、アハハハ」

あっ、私、今、笑ってる……この感覚、久しぶりだなぁ。自然に声が出て、笑っている自分にハッとした。

真夏の暑い日差しが境内に降り注ぐ中、ちょっと騒がしい神さまたちに出会うことで、以前のうつむき加減の気持ちが少しずつ晴れて、軽くなるのを身体に感じた。

誠実さと素直さこそ、
神さまとつながるすべて。
まっすぐな心で、まっすぐに向き合おう。
すると、神さまが必ず応援してくれる。

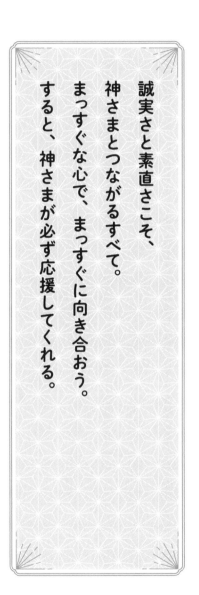

専門性の高い神さまの成り立ち

カタカタカタカタ……私は衝撃的な神さまたちとの出会いを終え、その日一日のことを思い出しながらパソコンに向かっていた。

ヌッ!!

「あんた、なにしてんのぉ〜」

「今日あったこと、神さまに教えていただいたことを忘れないよう、メモしておこうと思いまして」

「あら、あんた、いい心がけじゃない！　あたし好きよ、そういう素直な子」

「道真さんも誠実で素直にとおっしゃってましたし……それにしても、我が国日本にはたくさんの神さまがいらっしゃるんですね。今まで神さまと言われても、白いヒゲを生やして雲の上に乗ったおじいちゃんの姿をしているんだろうなぁ～なんて思っていました。日本の神さまは八百屋《やおや》って本当だったんですね」

「八百屋じゃなくて、八百万《やおよろず》！　私ら野菜のようにお手頃に売ってないわよ！　まぁとにもかくにもいい心がけよ。じゃあ、あたしは行ってくるわね！」

「どこへですか?!」

「銀座よ、ザギン!!　神友《かみとも》と新作のケーキを食べるのよ！　じゃねぇ、See You again!」

そういうわけで、今日はオネエの神さまから解放されて、久しぶりにゆっくりとひとりの時間を過ごせそうなので、以前から取り寄せておいた日本の神さまについて書かれた本を読んでみることにした。

今までイメージしていたもの静かな神さまとは違い、騒がしい神さまの様子をこうして見ていることがいいのか悪いのかは、まだ分からない。それでも、神さまの世界に興味が出てきたのは確か。

「フムフム……なるほどなるほど」

神さまのことについて調べていて、分かったことがある。

オネエの神さまが言ってたように、日本の神さまは八百万《やおよろず》の神と言われている。それは800万の神という意味ではなく、古来、日本では万物に神が宿ると考えられていて、無限に多いことの言葉の例えとして、八百万と言われるようになったとのこと。

日本には山の神、トイレの神、台所の神、米粒の中にも神さまがいたりで、専門性の高い神さま、その道のプロフェッショナルの神さまが揃ってるらしい。

「神さまといっても一人じゃないんだね。そんなことも知らずにただ神頼みしてたんだなぁ、私……そりゃ、失礼だわ」

それはともかく、神さまの成り立ちは、大きく分けて3つあるそうです。ここで簡単にご紹介しますね。

1 神話に登場する神さま

『古事記』や『日本書紀』という神話に登場する伝説のアマテラス、スサノオ、ツクヨミ、イザナギ、イザナミ、オオクニヌシ、サルタヒコ、アメノウズメ、コノハナノサクヤヒメなど総勢327柱の神さまたち。神仏習合により、仏教の教えによる仏さまも八百万の神と同一視されることもある。

2 自然現象を神格化した神さま

アミニズムなどの精霊信仰が由来の神さま。古代の人々は自然災害など人間がコントロールできない出来事が起こると、それらを神々の怒りと考え、自然を神としてまつることで怒りを鎮め、難を逃れようとした。

また、生活にかかわる仕事・出産などありとあらゆるものを神とし、これらに感謝の念をささげることで、人々の生活の向上や家族の安泰を願った。（さっき出会った厠神《かわやがみ》さんや貧乏神さんはこれに当たる）

3 人を神格化した神さま

歴史的にも活躍した英雄や偉人などを神格化した神さま。

さっきの「学問の神」で有名な菅原道真、武田信玄、徳川家康といった戦国武将も死後、歴史に残した功績が称えられて、神さまとして祀られるようになった。幕末の思想家・教育者である吉田松陰も「学問の神」、近代では、パナソニックの創設者の松下幸之助は「経営の神」として祀られている。

さて、キリスト教・イスラム教・ユダヤ教は、「一神教」として全知全能、完全無欠の一人の神さまが君臨しています。

しかし、日本の場合は外国由来の神々も日本の神さまの仲間として崇《あが》める、日本人らしい独特の面白い捉え方をしています。

言うならば、「みんな友だち」的なことかもしれない。

「神さまの世界って奥深いんだなぁ……」

と、私は静かな時間を過ごし、もの思いにふけっていた……しかし、玄関のカギをガチャガチャと開ける音で静寂の時は破られた。

「あ～、３階まで階段上がるの、だる～ダル～のダルビッシュだわ。ただいまぁ～、美貌あふれる私が帰ってきたわよ。あ、そうそう、ちょっと聞いてよぉ、今日会ったオッ君ったらねぇ」

「オッ君？」

「オオクニヌシよ、オオクニヌシ！　知ってるでしょ、マイフレンド！」

「……オオクニヌシさまですか？」

「そうそう、オッ君がね、私のこと好きみたいで、もう褒めて褒めて、すごいのよぉ。それでスセリンに嫉妬されちゃってぇ」

「スセリン？」

「オオクニヌシの奥さんのスセリヒメよ！　あの子ったら、すごくがんばり屋さんなんだけど、ちょっと嫉妬深いのよね……でも、どうしようかしら」

「恋バナですか、いいですねぇ」

「そう、恋バナ！　でもさ、オッ君ってイケメンなんだけど女ったらしじゃない！　私、そこが心配なのよねぇ」

いや、待て待て、それは、プレイボーイのオオクニヌシさんのただの社交辞令を超ポジティブに捉え、自分の思うがままに変換してるだけじゃ……。

まぁ、いい。楽しそうなので、ここは話を合わせておこう。

「いや、でもそういう場合はですね、いつでも離れていいっていう気持ちで付き合うと、向こうから追いかけてくるというか」

「そうよねぇ……」

それにしてもこのオネエの神さま、いったい誰なんだろう……

第2章

神さまのことを知る

神さまが見る世界

カタカタカタカタ……。私は例のごとく、今日も知りえた神さまの知識を忘れないように、パソコンに向かっていた。

ヌッ!!

「また、何してんの～？」

「ブログを始めたんです、ジャ～ン！」

「へぇ～、気の利いたことするわねぇ」

「オネエの神さまに教えていただいたこと、見せてもらったこと、そういうことをもっとた

くさんの人にも知ってほしいなと思いまして……。私、おかげさまで神さまに出会ってから、体調も良くなってきて、気持ちも前向きになれてきてます」

それは本当の話だった。神さまと出会って、一カ月が過ぎていた。その中で、氏神さまやいろんな神社に行ったり、また日々の生活の中で今まで当たり前のようにできていたことがウツと金欠ニート生活で出来なくなっていた自分を内省することにより、感謝する機会が増えたり、神さまと笑い合っているうちに、少しずつ元気を取り戻していたし、気持ちもどんどん前向きになってきていることが自分でも不思議だった。

書き始めたブログは、それほどアクセスは多くないけれど、わずかでも見ててくれている人がいるのが励みになって、毎日、神さまとのことを書き続けていた。

そんなある日――。私のロフトを自分の部屋のように占領しているオネエの神さまに声をかけられた。

「あんた、ちょっといいかしら」

「あ、はい」

「ちょっと上に来て、ここにあおむけになりなさい！」

「なんで…？」

不思議に思いつつもオネエの神さまの言われた通り、ロフトに上がり、あおむけに寝ころがった。何が始まるのか、不安な私とは裏腹にのんきそうなオネエの神さまは私の隣に寝ころび、一緒に天上を見上げる。

「こんな満月の日は、あの子に会えるのよぉ～」

ロフトの天上には窓があり、そこからそっと月が顔をのぞかせていた。確かに、今夜は満月。真ん丸で神秘的な光を放ち輝いている……そう言えば、月が見えるこの天上窓にひと目惚れして、この部屋に決めたんだった。

「あの子に会える？……あの子って？」

ピュン、シュパーーーン‼

急に強い光に部屋が覆われたかと思うと、私の横に、色白で透き通る肌、髪は長く艶があり、顔立ちの整った美しい神さまが現れた。私は、あわてて上半身を起こしたものの、その神々しいまでに美しい姿に圧倒され、ひざまずいて見上げることしかできなかった。

ツクヨミ「やぁ！」

「わぁ～！（ステキ！）は、はじめまして！」

オネエ「紹介するわ。私のマブダチ、月の神さまのツクヨミよ。そんで、ツクヨミ、この子はもあちゃん、ちょっと抜けてるけど、性格の悪い子じゃないわよ」

ツクヨミ「もあさん、よろしくね」

そう言ってツクヨミさまは、私が立ち上がれるようにそっと手を差し出し、ニコッとうるわしく微笑んでくれた。さりげない所作、艶のある声、少しミステリアスな眼差し……一瞬で女心が撃ち抜かれた。

そう言えば、どこかで読んだことがある。女性に人気の男神ランキングで断トツのナンバーワン、それがこのツクヨミさま。

私は、ドキドキした気持ちを抑えるのに必死になっていた。

「あぁ、あぁ」

まともに口がきけない。私、神さまに恋しちゃったのかな。

オネエ「ちょっと、あんたぁ！」

夢心地の乙女心をバッサリと斬り裂く、どデカい声、どデカい顔。刺激と共に現れる目の前のギャップに目がくらんだ。

オネエ「ツクヨミは、イザナギが黄泉の国から戻って来て、禊《みそぎ》をした時に生まれた、アマテラス、ツクヨミ、スサノオの伝説の三貴神の一柱よ！　わざわざ呼んであげたんだから、ボンヤリしてないで感謝なさい！」

「こ、こんなことがあって、本当にいいの？（……モジモジ）」

オネエ「何か、ツクヨミに聞きたいことはある？」

「あ、あのぉ……す、好きな女性のタイプは？」

オネエ「ちょっとぉ、なに聞いてんのよ！」

「いや、その、これは、女性代表として聞いたんです。す、すみません！　わ、わたしの最近の悩みなのですが、今、ブログで神さまのことをいろいろと書かせていただいてるんですが、変な目で見られたり、コメントで攻撃されるようなことも多くてですね……神さまのことや科学ではまだ証明できない非科学的なことを否定する人とても多いんです。そういう人たちに、どのように理解してもらえばいいでしょうか？」

ツクヨミ「**いろいろな意見があって当然です。どれも間違いではないですし、無理に理解してもらおうとする必要はないと思いますよ**」

ツクヨミさまは、まっすぐに私を見つめて、また微笑んでくれた。

「そ、そうなんですね！　神さまたちは自分たちの存在を否定や批判されてもいいんですか？」

ツクヨミ「**信じてもらえないことを悲しむ神も中にはいますよ。でも、それ以上に、私たち神は大切なことを知っています。人間が物事を捉える時には、必ず視点の違いが生じるということをね**」

「視点の違いですか？」

ツクヨミ「そうです。その人にとっての常識、物事の捉え方、判断基準、考え方、在り方、意志によってさまざまなフィルターがかかり、視点が変わります。たとえ非科学的なことを信じない人も、その視点において間違ったことは言っていないのですよ。ですから、信じられないというのも当然のことです」

「……そうですか」

オネエ「そういうことが分かってないから、自分と意見が違う人を簡単に攻撃してしまう人が多いのよね。それがなければ、争うこともないのに」

ツクヨミ「例えば、もあさんの家にある箱ティッシュを想像してみてください。箱ティッシュのことを、何人かの人に説明してもらったとします。

箱を真上から見た人は、『長方形で真ん中には中身が取り出せるように穴が開いている』と説明します。

箱を横から見た人は、『そんな穴は開いていない。模様と文字が書かれている』と言うか

もしれません。

箱の中身に視点を置いた人は、『穴も模様も文字もない。いく層にも四角い白いものが折り重なっている』

ティッシュを口に入れた人は、『あんなもの、食べられたものじゃない。どうやら食べ物ではないようだ！』

ティッシュを触り心地で表現する人は、『サラサラ、柔らかく薄くて気持ちが良かった』などと説明をするかもしれませんね。

同じ箱ティッシュでも視点が変われば、表現する言葉や説明、考え方も変わります。その意見には上も下もえらいも劣っているもありません。

自分の視点の方が正しいとか他人の視点は間違っていると言って、争うことの無意味さをお分かりいただけますでしょうか。

同じ視点を持つ者同士が共鳴し、声が大きくなりはしますが、それも時代の変化や表現方法の違いによって、理解のされ方や人の好む傾向が変化します。一見、多くの人が共鳴し声の大きくなった視点のほうが、優位に感じることもあると思いますが、だからと言って、自分の視点が間違っているというわけでもありません。両者の違いは、一つのものを捉えた時に見ている視点の違いにしか過ぎないのです」

「(フムフム)とても勉強になります」

ツクヨミ「ですから、意見や価値観が違うからといって、もあさんが攻撃されたとしても、絶対に自分のことを責めないでください。それでは、もあさん自身がずっと泣いたままですよ」

何か見透かされたようなその言葉に、私はドキッとした。確かに私は、思春期の頃から自分を責める傾向があった。ませガキでこだわりが強い私は、意見の違いが生じても、理解できないことは自分の意見を曲げず話を合わせたりはしない。

それがために、中学の時にはクラス中から仲間外れにされ、先生も見て見ぬふり。2年間、いじめられ続けた。それでもがんばって登校は続けた。

母が「4人兄妹の中で、もあが一番心配」と相談しているのも耳にした。私はイヤなものはイヤと自分の気持ちを大切にしたかっただけ。それなのにいじめられる……がんばっているのに、母には心配をかけている。

「このままの私じゃ、いけないんだ……精一杯、今を生きていただけなのに私のせいで誰かを悲しませたり、心配させてしまっている」

それからは、自分の意志を尊重したい自分と、他人の意見を聞いて互いが納得のいく解決策を探す……その間で深い葛藤をするようになっていった。社会に出ればそれが当たり前のことだということも頭では理解している。だからこそ来る、自分の感情の抑圧。

「なぜ相手のことが分からないんだろう、こんなこともできない自分が悪いんだ、感情を我慢できない自分はわがままでダメな存在なんだ！」

それは、こだわりが強い完璧主義な性格も影響しているのかもしれない。

うつ病は、日本人の100人に6人がかかっているると言われる病気。日本人は特に幸福ホルモンと言われるセロトニンの分泌が少ないと言われている。すべてのうつ病患者がこのような症状があるとは限らないが、私の場合は次のような変化をしていった。

周りに合わせるために、自分を責めたり否定する。そして、自分の意見を再確認する（自分を守ろうとする防衛反応）。それから冷静になって、さまざまな意見を見聞きする。その上で最善の解決策は何かを考えるという、社会で生きていく上で必要な行動パターンを持つようになった。

けれども、それが今の職場のように、肉体的にも激務で疲労、精神的にも周囲からの圧力や激流が強くなると、最初のステップである、自分を責める、否定する時間が長くなり、他人から言われた言葉を強く反芻《はんすう》する。

そうしているうちに、何が正しくて何が正しくないのか、何を大切にしたかったのかも分からなくなって、自分自身がおかしくなっていった……。

ツクヨミさまは、私のそういう事情を分かっていて、さりげなく気にかけてくれたのかもしれない。

決して、当時の母の言葉を責めたいわけじゃない。自分の受け止め方や受け入れ方が、屈折してしまっていた。神さまに言わせるならば、偏見や意地で心が穢《けが》れていた。それによって、私は自分で自分を必要以上に否定してしまい、結果、それまで以上に良くない現実を自分で引き寄せてしまっていた。

もっと柔軟に、もっと素直に、意地を張らず、きれいな心で自分を認めて、他者を認めて、その違いを受け入れられれば良かっただけなのに。

ツクヨミ「私たちは見返りを求めて、行動はしません。そこにはあなた方、人間に対する愛があるんです。私たち神が人々にきっかけを与え、縁をつなぎ、行動を促すことによって、その人自身が望む方向へ、人生が好転していくとします。すると、結果的に私たち神に感謝して、祈りが捧げられます」

オネエ「そうそう！　それがあたしたち神のエネルギーとなり、より高い位の神への階段を上がっていく糧となっていく。考えようによっては、神と人は持ちつ持たれつ、二人三脚、共同作業でもあるわけ。何よりもあたしたちは、あんたたちのことが大好きで、可愛くてしょうがないんだから」

「嬉しいです……ありがとうございます」

神さまの視点って、考えてもみなかったけど奥深くて面白い。箱ティッシュの話にあったように、視点の違いは私たちに捉え方の自由や豊かさを生んでくれているんだと理解することができた。

価値観の違う人と無理に分かり合おうとしなくていい。
あなたはあなた。人は人。
神さまの視点で捉えることができたなら、違いは豊かさそのもの。
神さまはそれぞれみんなの幸せを願っている。

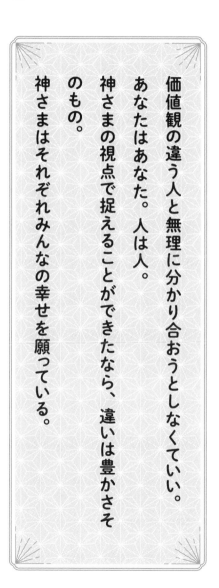

神さまの声の聞き方

「こういったこと、もっとたくさんの人に伝えたいです。私たちはこんなにも神さまに愛されているんだって、みんながもっと気軽に神さまと交流できたらいいのに」

ツクヨミ「もあさんは神々とのコミュニケーションは、特別な人にしかできないと思っていませんか？」

「違うんですか？　私の場合は、ウツ症状と薬の大量投下で起きた偶然の出来事と今でも思ってるんですけど……」

オネエ「それじゃ、あたしたちは神じゃなくて、低級霊の部類になっちゃうわよ。二度とあんなことしちゃダメだけど、あの出来事はあんたが自分の本質に戻るきっかけになったの。あんたに限らず、誰でも神さまと交流できるわよ。思い出してごらんなさい。あんたは子どもの頃、普通に神さまや妖精と交流していたわよ」

その言葉を聞いて、自分の中に消えかけていた記憶をたどった。北海道の田舎で暮らしていた幼い頃、私はよくひとりで花や草木に話しかけて、じゃれ合ったりしていたと家族から聞いたことがある。

まさか、そういうこと……？

ツクヨミ「人も神も、昔は当たり前のようにみんな会話して、触れ合っていたんです。それが物質社会が進むにつれ、人間が自然と離れるにしたがって、神と人との交流はどんどん少なくなっていきました」

そう言うツクヨミさまの横顔は、どこか淋しそうだった。

「誰でもできる神さまの言葉を聞く方法ってあるんですか？」

ツクヨミ「もちろん、ありますよ。むしろ、あなたたち人間は無意識のうちに日常的に神からの言葉を受け取っています。このような経験がありませんか？　何か思い悩んでいた時、なにげない会話から解決策のヒントをもらったりしたこと」

「あります、あります！」

ツクヨミ「あれは偶然という名の必然を、さまざまな神さまが用意してサポートしてくれているのですよ」

「ちょうど最近もありました！　人に伝えたいことがあったんですけど、自信も勇気もなかったので話せないまま、モヤモヤしながら帰りの駅のホームを歩いていたんです。そしたら通りすがりの人に急に、グズグズせんで、早く話せや！と大声で怒鳴られたんです。ビックリしてその人を見ると、中年の男性が電話の相手に怒鳴っていました。

その時、ハッと気がついたんです。今の早く話せという言葉、グズグズ悩んでいる自分に投げかけられた言葉だったんだな、と。迷わず相手に伝えなさいっていうサインだったのかなって」

ツクヨミ「ビックリされたことでしょうが、男性の怒鳴り声はあなたの印象に強く残りましたよね。真面目に話したところで、自信のない人はその行動に移すまで時間がかかる。さまざまなできない理由を並びたてて、そこに留まろうとする。

偶然ではなく、必然なんだと考えられる人は、神さまからサインやメッセージを受け取ることができるようになります。

で、悩んでいたもあさんは何か行動を起こされましたか？」

「はい、思い切って勇気を出して話してみたら、私の気持ちはスムーズに伝わりました」

ツクヨミ「思い立ったが吉日ということわざがありますが、神々は本人が気づいてくれるま

で何度でも、さまざまな形でサインを送り続けます。最初は、あなたの心の中から生まれる言葉や感覚。それでも気づかなければあなたが気づけるよう現象や出来事としてあらわれてくるでしょう。ですので、最初は小さなサインですが、気づかなければだんだん大きなサインに変わります。

本人が大きな事故やトラブルにつながるような状態なこととなると、そのサインの回数も多くなります。気づいて軌道修正してくれれば、大きな事故やトラブルを避けることもできますし、さきほどのもあさんのように、サインを受けて、思い立った時、すぐに行動できれば、物事は流れるようにうまくいきます。そこで、いや……、でも……、だって……などとためらうのではなく、自分に素直に、自然体で動くことが大切ですね」

「ちなみに、たまに迷う時があります。メッセージを受け取ったように思うけど、これは自分だけの思い込みなのでは？　それとも本当のメッセージなの？って。

これはGOサイン！　それはSTOPサインだよ！と私たちが見分けられる目印みたいなものってあるんですか？」

ツクヨミ「サインを見逃さないために、それは特にご説明した方が良さそうですね。

まず、GOサインはスイスイと物事が順調に進んだり、タイミングのいい形で出会い、巡り合わせ、ものが揃う、環境や状況が整ったりします。

逆に、STOPサインは争いやもめごとが起こり、感情がネガティブになったり、体調不良になったり、疲れやすくなったり、病気などで物事がうまく回らなくなったりします。

そういったサインは、身の回りや自分自身に起こるすべてがメッセージとなっているので、注意深く、観察しておくことです。慣れてくれば、神さまからのサインの受け取り上手になりますよ。そのサインの種類を次に箇条書きにしておきますので、参考にしてくださいね」

サインの種類

サイン❶——数字の羅列（エンジェルナンバー）

同じ数字が続いていたり、数字の羅列が反復していたりするものは、神さまからの後押しやGOサインのことが多いです。レシート、車のナンバーや時刻など日常的にあなたが

目にしている数字で知らせてくれます。（11:11、222円、ナンバープレート8888など）

サイン❷――気になる、ひらめく、浮かぶ、夢に出る、引っかかる

あなたが容易に想像できることは実現できる証拠、「どんどんやって！」のGOサイン。逆に気にならない、想像できないことは「見直して！」のSTOPサイン。夢に出てきたことは気にかけて欲しいことであったり、ひらめきは神からのギフトです。何か引っかかることがあるなら、自分の直観に従ってください。

サイン❸――同じ言葉を何度も見かける

電車広告、本、テレビ、スマホなどのSNS上、同じ言葉や関連したキーワードを何度も見かけるなど。あなたに重要性に気づいて欲しくて、関連した情報や人を通じてシンクロニシティ（意味のある偶然の一致）を起こします。受け取ったメッセージの意味合いを考えるきっかけやメッセージを確信させる働きです。

サイン❹――電気的信号

身の回りにある、電子機器を通じて気づかせようとします。電化製品が壊れる、バグる、カメラに何か映る、音がする、光る、広告として現れる、テレビのニュースとして目に触れさせるなどして気づかせようとします。特にそれがSTOPサインの場合、ネットがつながらない、電話がつながらない、スマホやパソコンがフリーズなどはよくあることです。あなたがつながる必要のない事柄なので止めてくれています。別の日に再チャレンジしてつながったとしても、最初にすんなりつながらなかったものは控えるべきです。

サイン❺――病気や身体、体調の変化

自分でも気づかない感情がたまり、体調や病気として身体に現れます。最初の段階で感情としてサインを送っても気づかないか本人が無視をし続けるので、身体の変化として気づかせようとします。

オネエ「そう、ツクヨミちゃんが言うようなことがポイントね。やみくもに進むよりは、自

分で決めたことを神さまに宣言してから進みだした方がいいのよ！

あんたが何かアクションをしてからサインを送っているんじゃなくて、その前からずっと必要なメッセージを伝えていることのほうが多いわ！　最近、サインがなかったか振り返ってみるのもいいわね」

どんな場所にも神さまのサインやメッセージはある。常にアンテナを張って、注意深く見てみよう。必ずそこには神さまの導きがある。

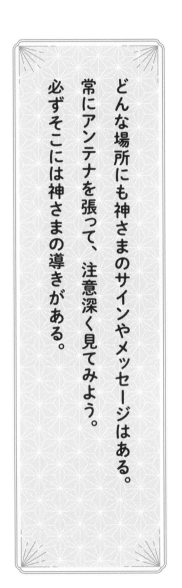

自分の得意な受信・発信タイプを知る

ツクヨミ「あと、あなたたちには五感が備わっています。言わば、さまざまな情報を感知する受信機ですね」

「もう少し具体的に教えていただけますか？」

ツクヨミ「正確には、五感以外にも受信できる部分はたくさん備わっているので、それらを大いに活用して、日常的に受け取る意識をすることから始めてみてください。

神さまからのメッセージを受けとる方法は人によってさまざまですが、人はしばしば視覚情報に頼って、行動に移す傾向が強いため、神さまのことが見える人の言うことを信じたり、崇《あが》めたりしたがります。

でも、人は皆、いろいろな感覚を通じてちゃんと神さまからのメッセージを受信しているのです。得意な受信・発信方法がそれぞれ違うだけで、今までに誰もが多くのメッセージを受け取ってきています。それが、神さまからのメッセージだったということを知らなかっただけなのです」

オネエ「みんなそれぞれ自分の得意な受信・発信タイプがあるから、自分はどれに当てはまりやすいか見てみると面白いわよ。そして、そのタイプを知ると無意識にあたしたち神の意志を他の人たちへ伝える伝達者となっていたかが分かるはずよ。あたしたちは、人を通して伝えたいメッセージを伝えたり、人と人との縁をつなぐことで、より喜びあふれる世界を作りたいのよ」

「喜びは、分かち合った方が増幅しますものね。それに、自分も知らず知らずのうちに、神さまや他の人のお役にたっていたかもしれないなんて、そんな光栄なことあるんですね！」

で、オネエの神さまとツクヨミさまが教えてくれた、神さまからのメッセージを受信・発信するタイプは次のように分けられるそうです。

視覚タイプ

人が外界から得る情報のうち、80％以上は視覚から得ていると言われるほどなので、必然的に神さまからのサインも多い。色、文章、言語、絵などでメッセージが入ってきます。光、電気や電子的現象、自然現象など目に視える変化でも知らせてきます。写真を撮るのが好きな人、文章、映像作家など視覚に訴えかける仕事をしている人は、神さまからのメッセージの伝達を無意識にしていることが多いようです。

嗅覚タイプ

芳香現象ですね。言葉の通り、香りでお知らせします。近くに花が咲いていないのに花の甘い香りがする、柑橘系の爽やかな香りがするなど、さまざまです。神さまたち高次の存在やご先祖さまなどの香りは、あなたを見守っている方からのサインです。

逆に、何か焦げたような匂いや生ごみの匂い、ドブ臭いなど自分が不愉快に感じる場合は、その土地や場所に自分と合わない要因があるので避けた方がいいです。

聴覚タイプ

何気なく耳に入って来た音楽、ＣＭ、通りすがりの人の会話、人の言葉など音を通じてメッセージを受信します。音楽好きな方に多いようです。その年の流行りの曲は、多くの人の集合意識に共鳴しているため流行ります。流行っている曲で、どのような感情を抱いている人が多いのかが分かります。

あなたがよく聞く曲はあなたの心を映し出してもいるので、自分を客観視したい時に最適。過去にハマっていた曲は、その当時の記憶や感情がフラッシュバックしやすいので、時には注意が必要です。歌手やミュージシャン、カラオケを歌う人は伝達者として動いている場合も多いようです。

触覚タイプ

手がピリピリした、寒さを感じた、温かさを感じた、風が通ったなど感覚を通してのお知らせです。神社で手を合わせていると風が吹き抜けたなど、歓迎の印や土地や磁場、神さまのエネルギーなど触れたものによって感じる感覚はさまざまなので、自分の感覚パターンを覚えておくといいです。

その感覚に触れた時、自分はどのように感じたのか。そのあとにどのような変化を自分が得られたのかを記しておくと、神さまからのサインの傾向が読みやすくなります。

また、サインに気づかず無視していると、体調不良などの身体の変化や病気として現れることが多いので、身体に異変を感じたら、一度立ち止まり、軌道修正することをおすすめします。

人に触れる機会の多い、美容師、看護師、エステティシャン、セラピスト、鍼灸師、整体師などは、人に触れることによって相手を読み取ったり、伝達することができる人が多いです。

味覚タイプ

ある場所に行くと「甘さを感じた」、「鉄の味がした」など、その時に感じた味に自分がどのような印象を持ったか覚えておくといいです。自分にとって不愉快な味の場合、神さまからの忠告、ＳＴＯＰ、見直し、「今すぐ離れて」のサインのことが多いのです。料理人など食べ物に関する仕事をしている人は味覚を通じて伝達されることが多いようです。

直観タイプ

俗に言う、五感以外の第六感というものです。これは「なんとなく」がポイント。「なんとなくこの日がいい」、「なんとなくこの道を行った方がいい気がする」、「なんとなく違う気がする」などなど。

この「なんとなく」が神さまからの気づいてほしいというサイン。この「なんとなく」がＳＴＯＰのサインだった場合、それを無視して行動を続けると、物事がなんだか順調に進まない、もめごとや争いごとが起きたり、邪魔が入ったりなど、さまざまな弊害が起きますので、勇気を出して一度立ち止まり、見直してみてください。

この「なんとなく」の直観を無視する人が多いのですが、理由はめんどくささや自信が持てないということでそうしてしまいます。結果的に遠回りすることが多くなるので、直観タイプでメッセージが来た場合の鉄則として、あれこれ考えすぎず、まずは「疑わず、やってみる！」ことに限ります。それが最短でスムーズに行く方法です。

最初は決断に勇気がいるかもしれません。それでも、その感覚や直観パターンを積み重ねていくうちに直観が確信と変わることが必ずあるでしょう。自分の直観をどれだけ信じることができるか、試されている部分でもあります。

憑依《ひょうい》タイプ

身体が神さまの入る依《よ》り代《しろ》となるタイプ、巫女《みこ》体質の人に多く、トランス状態やゾーンに入り、その人の身体を借りて話し出したり、自動書記といって自分の意志とは関係なく手が勝手に言葉や文章、絵を描き上げます。

特徴としては、天職として行なっていることで発動することが多く、作家なら文章を書くことで、セラピストなら施術中や相手を癒したいと思ったら発動します。お笑い芸人であれば舞台に立った時などですね。このタイプは、芸術家や表現者、クリエイター、巫女に多いようです。

イメージタイプ

映像、言葉、アイディアなどが脳に直接入ってくるタイプです。同じイメージが入っても、受け取った人によって言葉の選択、表現方法が変わります。漫画家や映画監督、映像クリエイターなどに多いです。

五感は人が神さまとつながるためのツール。自分の得意な受信・発信タイプを知って、あなたの魅力をフル活用しよう

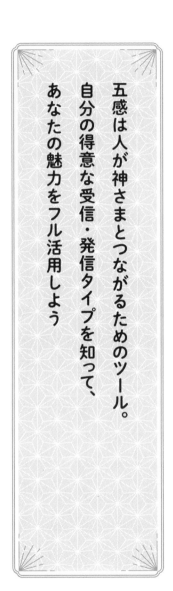

神さまの見た目やエネルギー

「ちなみに私は今、ツクヨミさまやオネエの神さまを見ていますが、その姿かたちは誰にでも同じに見えるのですか？」

ツクヨミ「そんなことはありませんよ。神の存在を一つとしてとらえるものは唯一神に見え、日本のように複数の神としてとらえる人たちは複数に見えます。人に個性があるように姿かたちも自由であっていいのです」

オネエ「前にあんたに言ったことがあると思うけど、結局はすべて鏡なの。あんたの心が映し出される鏡。あんたがツクヨミはイケメンというイメージを持ってるから、そう映ってるわけで、それぞれが描く神のイメージが映し出されやすいのよね」

「それなら、私が見る神さまと友だちが見る神さまは違っていいのですね？」

ツクヨミ「その通りです。神さまは自由ですし、遊びの天才です。姿かたちも自由自在。考え方が違えば、物事のとらえ方が変わるように、神さま自身のエネルギーの状態で見え方が変わります。

あとは、受け取り側の問題です。人によって見た目や感じるエネルギーが変わってみえるのは、受け取り側のエネルギーの状態がその神さまに近い波動であれば優しくおおらかに、受け取り側のエネルギーと神さまのエネルギーの差や相性の悪さがあれば、怖く怒って見えたりするでしょうね」

「あぁ、確かに。さきほど話してくださった視点の話に近いですね！　ウサギから見た車はデカくて怖いけど、ゾウが車を見たら自分より小さいオモチャのように見えるかもしれませんものね」

ツクヨミ「極端な話、そうですね。その認識を正しい、正しくないというのは不毛なことですね」

「ち、ちょっと待ってください！　と、いうことはですよ。今、私が見ている、例えばオネエの神さまは、人によっては超絶イケメン男神や超絶美人女神に見えている可能性もあるということですか?!」

ツクヨミ「もちろんです！」

「えぇ～、うそだぁ！」

ツクヨミ「それは、いずれ分かることです。それよりも、これから大切なことをお話しますね」

「はい……なんでしょう？」

ツクヨミ「人間は一人一人、神さまの分身として生まれてきた自分自神なのです。ですから、人は自分が神であるということを知った時、強い喜びを感じます。心当たりがあるはずですよ」

「……？」

ツクヨミ「人には自分という存在を証明するものがたくさんあります。名前、生年月日、血液型、住所、年齢、性格、考え方、好きな食べ物、好きな人のタイプなど、自己ＰＲする時に上げるようなものがたくさんありますよね。

ありとあらゆるところで、自分という存在を証明し、自覚したがっている。つまり、自分自神を知るということに喜びを感じているのです」

「そう言われれば、そうかもしれません。自分の名前や誕生日を覚えてくれていると、存在を認められたような気がして、喜びを感じます。自分という存在を自覚できた瞬間だからなのかもしれませんね」

ツクヨミ「自分を知るのが喜び。自分が尊い存在だと魂レベルでは知っているので、喜びとして感情が反応する。逆に考えてみると分かると思います。自分がいやしい存在だと魂で知っているなら、そんな自分を知ってどんな反応になると思いますか？」

「後ろめたさが出て、隠れたくなりますね。イヤで不愉快になる。そんな自分を知っても、全然うれしくありません。」

ツクヨミ「そうですよね。つまり、自分自神が尊い神の存在であると魂は知っているのですよ。自分がいてこそ他者の存在が生まれ、他者がいるからこそ自分を知覚できます。自神が存在しなければ、何も始まりません。それは、我々神にだって言えることなのです。

あなたたち自身が尊い神であることに気づくことができると、我々神も存在を認識されたことで喜びを感じ、あなたたちの人生を応援することができるようになるのですよ」

「わぁ〜、そういうことだったんですねぇ！　今まで疑問に思っていたことが少し分かったような気がします。ありがとうございます！」

ツクヨミ「それは良かった。私ももあさんと過ごす時間、とても楽しかったですよ。それではまた、いつか、どこかで……」

ツクヨミさまはそう言って、爽やかな笑顔を残しながら、まばゆい光が瞬きするように消えていった。

人は神さまで、神さまは人。
そこに気づいて、
自分の中に神さまがいると認識できた時、
神さまの強い応援の力が発動する。

「神さまだからえらい」は間違い

「ちょっと～あんた、いつまでもイケメンにうつつ抜かしてるんじゃないわよ！」

「だって、しょうがないじゃないですか、格好いいんだもん！　あぁ、ツクヨミさまぁ、あなた様はなんでそんなにステキなの……あっそうだ、ひとつ聞きたいことがあるんですけど」

「なによ？」

「神さまって何でもできるって思ってたんですけど、神さまにもできないことってあるんですか？」

「ないと言えばない。あると言えばあるわよ」

「うぅん？　分かったような分からないような……分からないです！」

「ツクヨミも話したように、私たち神は、あなたたち人間の頭の中にインスピレーションや見えたもの、聞いたものの現象を通して指示を出すことはできる！　でも、実際に多くの人間がすぐに分かるように大きな声を出したり姿を現したりはできないの。

それはね、体験こそが宝だからなの！　聞いた話はやっぱりそれだけのもの。本当に感動して、本当に成長したければ、自分自身で動いて、変化して、失敗もして、それを乗り越えていく……そういったことを一つ一つ体験していくことでこそ魂が成長し、エネルギーが広がっていくの。

あなたたち人間は、魂を磨きにこの世界に生まれて来たの。精神性を高めるための旅をするために、この地球に生まれたわけ。たくさんのことを経験して、たくさんの成長をして、また再び天へと帰っていくのよぉ～」

「わぁ、なんだか感動的！」

「そういった繰り返しの中で、人としてやるべきことを終えた魂は、次には神となり、私たちのように人を導いていく存在になるの！　大事なことは今世でどれだけの体験を積み重ねられるか？　そのためのサポートとして、私たち神はいる。だから直接、手を差し伸べることはできないし、それはしてはいけないことになってる。それが天界の絶対的なルールなのよ」

「それがルールなんですね？」

「あなたたち人は成長することがテーマ、私たち神は成長させることがテーマってところかしらね！　ご飯が食べられるように箸の上げ下げまでしていたら、いつまで経っても本当の成長はできないでしょ？」

「そう考えると、神さまと人間って一心同体なんですね」

「あんたもたまにはいいこと言うわねぇ。そういうことよ！　勘違いしている子が多いから言っておくけど、神さまが人間より上とか下とか、えらいとかえらくないとかはまったくないのよ」

「へぇ……じゃぁ、神さまたちと私たち人間の大きな違いってなんですか？」

「いい質問ね！　人間と神さまと言われる存在の違いは、存在している次元とアクセスできるデータ量の違いだけ。ツクヨミも話してたように、物事を見てる視点が人間よりも高く、さまざまな視点でとらえられる。

でも、だからといって私たちの方がえらいとかじゃまったくないの。視点の位置が人間たちと違うだけで、しかもその視点は、あなたたち人間をより良き方向へ導くため。

神さまとして崇《あが》め、えらいと決めたのはむしろ人間の方なのよ。私たち神は、共に高め合う仲間として、あなたたち人間ともっと親しく、仲良くしていきたいと思っているのよ！」

神さまたちとの距離が縮まると、急に神さまたちに親近感が湧いてきて、愛らしくさえ思えてきた……。

人は成長するのがテーマ。
神さまは人を成長させるのがテーマ。
人と神さまは常に一心同体。
体験を共有して共に歩む。

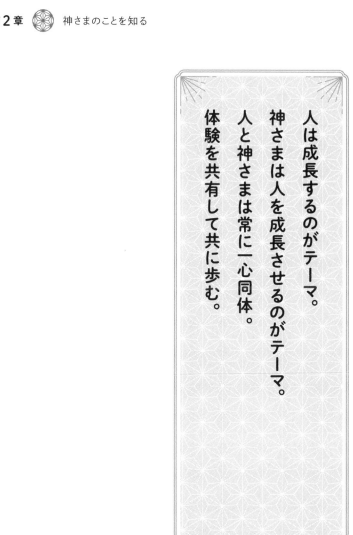

あなたが輝くことで神さまも輝く

「なんか、さっきの話を聞いて分かった気がします。ちょっと一緒にイメージしてみてください。自分自身を自分の得意な分野で表現することによって、共鳴する人たちが集まる。共鳴し呼応することで互いの魂が光り輝く。

例えば、視覚タイプの人でいうと、絵を描いてそれを発信する。それステキだね、いいねって思う人が集まって喜びを分かち合うことで魂の経験値が積まれる。人と人とが一心同体に一つの喜びの世界を共有して創造してる……人と神さまも一心同体、共に歩む存在」

なんだかボンヤリとしていた自分の中の神さまのイメージが、カチッとはまって腑に落ちてきた。

すると、神さまの様子が以前よりも増して色鮮やかに見えるようになった。オネエの神さまも嬉しそうにはしゃぎ、言葉を返してきた。

「そう、その感覚よ！」

「なんて表現したらいいんでしょう。自分のできることで人々に貢献する。そのことによって感謝されたり、お互いの喜びとなる。
光の循環っていうか、自分の持っている光を表現することによって光の粒子が放たれ、共鳴する人が受け取ってくれる。受け取った人がまた新たなかたちで自分の光の粒子を、ありがとう、大好き、感謝してます、愛していますとか、心の澄んだ高い波動で放ち、周囲の人がまたそれを受け取っていって……そういった循環が起きている気がするんです」

「あんた、覚醒したわね」

「覚醒？　とんでもありません！」

「でも、あんたが今、言ったことこそが真理なのよ」

「……そ、そうなんですか?!」

「あなたの言ったこと、それは実際に起きている、本当のことなの。それは、人間のあいだだけに起こることではないのよ。人と神の間にもその光の循環が行なわれているの。あなたたちが神に感謝し、祈りをささげた瞬間、祈りが光の粒子となって、私たちのところにも光の情報として届けられる。それが私たち神の力ともなるのよぉ～」

「あぁ、どうしよう……私、その感覚、なんでか今は分かります」

「あなたたちのサポートについている神さまは、あなたが輝くことによって、より輝くのよ。神さまは鏡。あなたの投影として、神のかたちも明確化する。
あなた方が穢《けが》れを祓《はら》わず、くすんだ状態の光の粒子を放てば、それはあなた方の周囲や、あなたをサポートする神さまにも反映されてしまうの。そうならないためにも、自分の放つ光の粒子をしっかりコントロールするのよ！」

「はい！」

神さまは人の祈りによって、
その力を増す。
だから日々感謝をすることでこそ、
あなたの心と魂が輝き、
同時に神さまも輝き、
共に幸せになっていく。

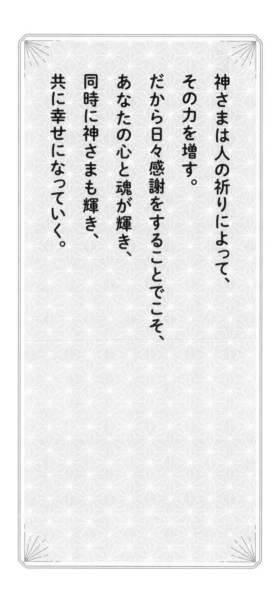

空いたところには、必ず新しいものが入ってくる

自分の放つ光の粒子をしっかりコントロールする？　私にそんなことができるのだろうか？

でも、なんだか毎日すごいことを聞いているようでワクワクする。このことを多くの人に伝えたいと思って、「神さまと人は一心同体、二人三脚であること」、「自分がありのままに輝くことが大切であること」など教えていただいた核心部分を中心に、ブログの発信を続けていると、みるみるうちにアクセスが増えていった。

さらに驚くことに、初めは少なからずいたアンチの存在や攻撃してくる存在もいつの間にか姿が消えていた。

ヌッ!!

「それは、あなたが多様性を認めて発信しているからよぉ」

「どういうことですか？」

「あなたは、あなたが信じる神の世界を発信している。それに対して、人がどのような神の概念を持っていようと、それはそれでいい。そうじゃなくって？」

「以前は、自分なんかが発信していいんだろうかと不安な気持ちでしたが、今は神さまに教えてもらったことをしっかり伝えようと、前よりは自信を持って発信できていると思います」

「不安や恐怖には魔が寄ってくるの。その魔というのは、人の悪意に乗じてやってくる。強い心で前に進めば、おのずと魔は消えていくのよ」

オネエの神さまとそんな話をしていた時、私はあることを決意した。

「仕事、やめよう！」

職場からは、「人がいないから早く復帰しろ！」という連絡が何度も来ていた。すごく悩んだ。会社のことは好きじゃないけど、人を癒す仕事自体は好きだし、何よりも担当していたお客様たちはみんな大好きだった。

だけど……やっぱり自分にウソをついて生きるのは違うと思った。それじゃ自分も幸せにはなれないし、お客様も幸せにすることができない。そう思うようになった。

退職の挨拶は、言葉を考えて伝えたけれど、上司からは「あ、そう！　やめたこと後悔するわよ」と不機嫌そうに言われた。

でも、そんな態度に怒りをおぼえることもなかった。「なんかやっぱり違うなぁ」と落ち着いて考えられるようになっていた。

うつ病という病気が職場への未練をきっぱりと断ち切らせてくれる、いいきっかけになったのかもしれない。

さて、これからどうしよう……。


「あんたにいいことを教えてあげるわぁ～」

「なんですか？」

「生きていく上での絶対法則ってやつ」

「絶対法則、ですか？」

「それは……」

「はい」

「それは……ZZZ」

「……ね、寝んなや」

「あらやだ、私としたことが！」

「で、なんですか、人生の絶対法則っていうのは？」

「人生の絶対法則、それはね。手放したら、空いたところに必ず新しいものが入ってくるということ、ルンルン♪♪」

「ルンルン……」

「まぁ、とにかく今はまだ分からないと思うけどもね、泥船にでも乗ったつもりで安心してなさい！」

「泥船じゃ沈みますけどぉ（大丈夫かしら、この神さま……）」

固く握りしめ執着しているものを、
勇気を出して手放してみよう。
そこに必ず、新しい何かが入って来るから。

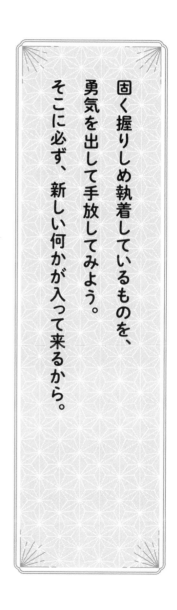

第3章

自分の神さまの見つけ方

なぜ、マイ神さまを決められないのか

私は、オネエの神さまや菅原道真さま、ツクヨミさまなどに教えてもらった内容をノートにまとめ、日本最古の歴史書である『古事記』も読み始めた。

古事記と聞いても社会科の授業で聞いたぐらいの認識しかなかったけど、オネエの神さまや他の神さまとかかわる以上、知ることも礼儀と考え、読み続けた。

ズッ!!

「なに、むずかしい顔して読んでんのよ！」

「こ、古事記です！　訳されているとはいえ、漢字が多くて読むのはしんどいですが、内容自体は面白いです。日本にはどんな神さまがいるのかなぁというのも知りたくて」

「あら、いい心がけじゃないのよ、感心感心！」

「でも、神さまのことを知れば知るほど、どの神さまが自分に合っていて、どの神さまと仲を深めればいいか分からなくなるんですよねぇ。
パワースポットや神社に行くと由緒やご利益って書いてるじゃないですか。あれを見ると、どの神さまも魅力的で迷ってしまうんですよね。それに……」

「それに？」

「例えば、ツクヨミさまのような超イケメンの神さまから見守られていると思うとテンション上がるじゃないですか？」

「うん……で？」

「いや、あの、わ、私にもっと合った神さまがいるのかなぁって……それで、神さま探しも始めてみたんですけど」

「神さま探しねぇ……」

「いやぁ、ツクヨミさまとのあの凛とした空気感も好きですけど、こうしてオネエの神さまとワチャワチャするのもいやじゃないし……楽しいです！」

「ワチャワチャ……まぁいいわ、許してあげるわよ。確かに前よりはずっと楽しいわね！」

「ちなみに、オネエの神さま、あなたは私のパートナーなんですか？」

「何よ今さら！　ここまで来て違うって言ったらどうすんのよぉ」

「そうですか……♪　私だけの神さま、マイ神さま、オネエのマイ神さま〜♪」

「男は度胸、女は愛嬌、オネエは最強、オーイェ～!!って、何言わせるのよ?! 最初からオネエオネエって言ってるけど、私は性別がないだけよ」

「へぇ、そういう神さまもいるんだぁ。んで、パートナーのようなマイ神さまってどの人にもいるんですか？」

「もちろん、いるわよ！」

「どうやって決められるんですか？」

「それは千差万別。最初からいる場合もあれば、自分でこの神さま！と決めて契約してもいいし」

「契約……なんか怖いんですけど」

「契約といっても、特別なことをするわけじゃないのよ。あなたたちが、この神さまが自分の神さま！と決めて、その神さまが祀られている神社とかに参拝に行って、自分の家の神棚でもその神のお札を祀って大切にする。

そういうことを繰り返すことで、その神さまもあなたを応援するようになる。それによって運勢も良くなって、その神さまに感謝をするようになれば、それが神さま自身のエネルギーにもなって、神さまの位も上がっていく……それがいわゆる、契約ね！」

「でも、結局どの神さまを信仰すればいいか、どの神さまと仲を深めればいいか分からない人の方が多いと思うんですよね。どうしたらいいんですか？」

私の言葉を遮るように、オネエの神さまが言う。

「その前に、なんでそういった迷いが生まれるか分かる？」

「……分かりません」

「自分自身の真実の欲求を知らないからよ！」

「真実の欲求……ですか？」

「教えてあげるわ！　あんたが読んでる古事記の中に書かれている、天岩戸開き《あまのいわと》の神話は知ってるわよね」

「はい、有名なお話ですね。最高神のアマテラスさんが弟のスサノオさんの横暴ぶりに耐えかねて、天岩戸に閉じこもり、世界から光が失われたお話ですね」

「そう！　そのアマテラスちゃんが岩戸に閉じこもった時、金属の鋳造を上手にする器用なイシコリドメちゃんっていう神がいてね、その子に作らせた八咫鏡《やたのかがみ》は、現代の日本の天皇家に代々受け継がれている三種の神器の一つでもあるんだけど。

この鏡はアマテラスちゃん自身を映し、岩戸から出すために使われたの。なんでこれが三種の神器とされているか、本当の意味を知ってる？」

「歴史的な瞬間に使われたからじゃないんですか？」

「それだけじゃないのよ。鏡はかがみ、そこからがの我をとったら、かみ、神。すなわち、この神話からあなたたち人間に受け取って欲しいメッセージは、自分自身は、かみ、神そのものであり、自分自身を知って向き合うことによって、本来自分に宿っている神としての役割を思い出して自覚するということなの」

「なるほど」

「本来の自分イコール神を自覚するには、かがみの我をとる必要があるのよ。我とはひとりよがり、自分勝手な考え、自分本位の考え、わがままなどね。

そういった自分の中にある我を取り除いた時に、自分という神さまの本来の役割を自覚できるようになるということ。我をとるには、まず我、われを知らなければいけないわよね？」

「はい……そうですね」

「アマテラスちゃんはね、立派よぉ。このままじゃいけない。どうしたらいいんだろうと、ひとり岩戸に閉じこもっている時、考えてたの。

自分はどういった役割を持つ神なのか？ どういった考えのもとに行動していくことが最善なのか？

現役のリーダーとしての行動、自分の思い、生まれ持った能力の活かし方などの内観をたくさんしたみたいね。そして、我《われ》を知った。

ひとりよがりだった我を知り、我欲となる部分を取り除いたの。そして、岩戸から出る頃には本来の自分自身、本来あるべき自分の思い描く神さま界のリーダーとしての姿を取り戻したのよ」

「神さまも葛藤しながら悩むことがあるんですね」

「そうよ。だから、あなたたちが自分の神さま、いわゆるマイ神さま選びに迷うのも、我欲に埋もれて、自分を知ることができていないからなの。

だから、鏡を見るたびに今日の話、思い出しなさい！ アマテラスちゃんを見習うのよ！」

「はい、鏡を見るたびに思い出すようにします！」

「鏡よ鏡よ、鏡さん。なぜ、あなたはそんなに美しいのぉ（ウットリ）」

「うぅぅ……今は余計なことは言わないでおこう」

自分の神さまを決められないのは、
まだ自分の中で本当の自分が見えていないから。
真に求めるものが見えてくれれば、
おのずと必要な神さまの存在も見えてくる。

神さまに会いに行く

「まず、我《われ》を知るかぁ……」

私は、オネエの神さまに言われたことを考えていた。

今の私は一体、何を望んでいるのだろうか？　仕事をしていた時は、そんなこと考える余裕もなかった。つらい、休みたい、目の前の現実を何とかしたい……。

でも、神さまから言わせると、そういうことは私が本当に望んでいることじゃない。神さまが叶えてくれるのは、私が人生で本当は何を成し遂げたいのか、どんな成長をしたいのか？　そういった願いこそが、神さまが叶えてくれるもの。

幸い、今は時間がたっぷりある。目をつむって、自分自身の内面とゆっくりと向き合ってみた。

頭に浮かんできたのは、幸せな家庭の風景だった。小さい頃、私は幸せだった。ごくごく普通の家庭だったけど、家族もみんな仲良くて、みんなで食事を囲んで笑い合ったり、遊びに行ったり……。

私の幸せの原点は、あそこにあったのかもしれない。私がいま求めている、なりたい自分というのもそこにあるのかもしれない。

「……家族かぁ」

そんなことは考えたこともなかった。彼氏ができたとしても、自分が生きることに必死で、家族のことを考える余裕はなかった。でも、今は思う。

大好きな両親に孫の顔を見せてあげたい。自分の好きな仕事はいつでもできる。だからこそ今しかできないこと……。

ヌッ!!

「それよ!」

「……これですか?」

「それよ、それこそが真実の欲求ってやつよ!　人のためになり、それが自分のためにもな

ること。あとはあなた自身の真実の欲求に合わせて、必要な神さまのところへ行けばいいのよ」

「どういった神さまのところに行けばいいでしょうか」

というわけで、オネエの神さまは私を東京・大田区の多摩川駅からほど遠くない、浅間《せんげん》神社に連れていってくれた。

「ここの祭神、あんた、もう分かるわよね？」

「はい！　コノハナノサクヤヒメさまですね。富士山の女神さまで、とても美しいって古事記で読んだことがあります」

お手水《ちょうず》を済ませて、本殿へと歩く。本殿の前に立ち、お賽銭を入れて、二礼二拍手一礼。

「コノハナノサクヤヒメことサクヤは、富士山を象徴する美の女神でありながら、縁結び、

子授け、安産の女神でもあるの。まさしく女性の強い味方ね！」

「はい……」

心を思いっ切り静かにして、手を合わせる。

と、私たちの前に、その美しき女神、コノハナノサクヤヒメさまが姿を現した。

オネエ「いや～ん、サクヤ～！　超久しブリブリ！」

サクヤ「や～ん、こちらこそ～、久しブリブリ！　今日はどうしたのぉ？」

オネエ「最近、私が可愛がってる、この子がね、サクヤに叶えてほしいことがあるっていうから連れて来たのよん！」

私が想像してたよりかなりギャル風のコノハナノサクヤヒメさまは、美しい瞳で私をじっと見つめてきた。

ツクヨミさまの時もそうだったけど、神さまに見つめられると、なんだか不思議な気持ちになる。

「は、初めまして……もあ、と申します！」

サクヤ「きゃぁ～、久しぶりの人間との会話、嬉しい～、よろしくぅ！」

「は、はい（マジギャルじゃん！）」

サクヤ「で、どうしたいの、何がしたいの？」

コノハナノサクヤヒメさまは真剣な表情で聞いてくれた。神さまに直接、叶えてほしいことを話せるなんて、本当にありがたいことと思う。

「実は、理解のあるパートナーと出会って、子どもが欲しいんです！　私の両親に孫の顔を見せたくて……」

「まだ相手もいないくせに、よく言うわ」と自分でも思ったけど、とっさに出た言葉がそれだった。

サクヤ「**そうなの～。じゃあ、ちょっとあなたの本心を見させてねぇ**」

コノハナノサクヤヒメさまはそう言うと、さっきまでとは打って変わって真剣なまなざしで私を見つめた。

サクヤ「**うん、大丈夫！　嘘はないね、任せて！**」

「えっ……これだけでいいんですか？」

サクヤ「あとは、あなたの努力次第！なんてねっ」

そう言うとコノハナノサクヤヒメさまは、いたずらっぽくウインクしながら微笑んだ。

「は、はい！　サクヤヒメさん、私は今までよりもっと自分磨きに精進して参ります。あとはよろしくお願いいたします」

そう言うと、コノハナノサクヤヒメさまは私を励ますように優しく頭を撫でてくれた。

そのあとは、境内をひと通り巡ってから多摩川を望む展望台で少しのんびり過ごした。

帰路の途中、スマホに通知が入った。今は無職の私にこの時間届くのは、求人サイトからの連絡ぐらい。

だけど、その日は違った。前の職場で一緒だった同僚の男性からだった。

『もあさん、あれから元気にしてるかなっと思って。久しぶりに、今度ご飯でもいかがですか？』

ヌッ!!

「どうしたのよ、不思議そうな顔して！」

「いやぁ、すぐにこんな連絡が来たから、ちょっと驚いちゃって」

「ちょっと、あんた、私たちを何だと思ってんの、神よ、神！　別にあんたが特別だからじゃないのよ。みんな一緒なの！　でも、願い方を間違ってる人が多いの！」

「願い方ですか？」

「神に願いを叶えてもらうには、きちんとした方法があるのよ。まずは何度も言っている通り、心の穢れを祓って、小手先じゃない、本当の自分の願いごとを知ること。それは絶対ね！」

「自分が人生で本当にどうなりたいのかってことですよね」

「そう！　それが分かったら、次にその本当の願いごとに合わせたご利益《りやく》を持つ神の所に行くこと」

「むずかしいことではないですよね」

「でも、み～んな、神さまのことを知らないから、やみくもにご利益違いの神さまの所に行くわけ。学問の神さまに恋愛成就を願ったり、スポーツの神さまに商売繁盛を願ったり……私たちからしたら、そんなお願いされても、そりゃ無理よって感じ」

「日本の神さまは、八百万《やおよろず》ですもんね！」

「そうよ！　それぞれがさまざまなご利益を持つ、だからこそ、自分から興味を持って神さまのことを学べば、必ず自分の願いに合わせたご利益を持つ神さまに出会えるのよ！」

自分のもつ真実の願い（欲求）に、
神さまの持つご利益《りやく》が合わさることで
願いは叶えられる

マイ神さまの見つけ方――1
産土神《うぶすながみ》、氏神《うじがみ》、鎮守《ちんじゅ》

「じゃあ、ここからはあなたがたのマイ神さまを見つけるためのコツを教えてあげるわね！」

私は、オネエの神さまにマイ神さまの見つけ方を伝授してもらうことにした。

「はい、よろしくお願いします！」

「まず大切なこと！　それは、日本の神さまは誰が一番えらいとかはないってこと！　最高神のアマテラスにおいても、えらいではなく尊いと表現されているの。
そこには、本来、役割の違う神々がそれぞれの役割を果たし、協力し合うことによって世界がつくられているという、日本ならではの奥ゆかしい考え方があるってことよ！」

「……なるほど」

「それぞれが特徴や得意分野の違う、その道のプロフェッショナルの神さまたちは、それぞれに大きな祈りの力があり、その祈りとあなたがたの祈りが合わさった時、神の力が発動されるの！　そのことを分かってね！」

「分かりました！」

「まずは、あなたがたを絶対に護ってくれている神さま。産土神《うぶすながみ》と氏神《うじがみ》、一宮《いちのみや》、総鎮守の神から話すわね！　ちゃんとメモしてみんなに伝えてちょうだいよ！」

「はい！」

【産土神《うぶすながみ》】

産土神とは、自分が生まれ育った地域に祀られている神社にいらっしゃる神さまのこと。その地域で生まれた人を一生守ってくれる。かつては同じ土地で一生を送ることが多かったので、その名がつけられている。

産土神は、信仰する住む人同士の地縁で結びついているので、例えば氏神は引っ越しなどで変わることはあっても、産土神は一生変わることはない。あなたが生まれてから、今日までずっと見守ってくれている。

【氏神《うじがみ》】

氏神とは、今住んでいる地域に祀られている神さまのこと。昔の日本では、その地域周辺に住んでいる人たちが同じ氏、つまり姓を名乗っていたことから、その氏の人たちが集まり信仰する地域の神さまとして祀られていた。

しかし、平安時代頃になると人が移り住むようになり、そこに住む人がみんな同じ姓というわけではなくなってきた。そこから、現代における氏神とは、今住んでいる地域一帯を守られている神社のことを指す。

もしあなたが引っ越しをして、住む地域が変われば氏神も変わる。氏神が分からない方は、神社本庁に問い合わせると、どこの神社か教えてくれるので、そこの神社で祀られている神さまを調べることをおすすめする。

元は、姓から来ているものなので、家系図や自分の姓がどこから来たものなのかをたどってゆくと、血縁関係がある氏族が祀られていた一族に関係の深い神さまが分かることもある。自分のご先祖様が祀られていた神さまをより深く知りたい方は、家紋や姓から調べて見るのも面白い。

氏神さまは、あなたの住む地域の安全やあなたの家、家族も見守ってくださっている神さまなので、月に一度はご挨拶に行くことをおすすめする。

【一宮《いちのみや》・総鎮守《そうちんじゅ》】

一宮とは、その地域で社格が最も高いとされる神社のこと。昔は、各地域を大和国、出雲国など一つの国として呼んでいたため、その国の中で一番格式が高い神社として信仰され、大切にされていた。現代で例えるなら、主にその都道府県の中でも一番格式の高い神社と言われていることが多い。

一宮という社格制度は、平安時代に成立したとされているが、誰がどのような基準で格式が認められたのか分かっていないため、一部の地域では一宮が何社もあるケースもある。平安時代から、多くの信仰を集めている歴史の深い神社が多いため、そこに祀られている神さまを知ることをおすすめする。

また総鎮守とは、国またはその土地の全体を安らかに守っている神社のことで、一宮とはされていなくても似たような働き、役割をしていることが多い。

「ちゃんとメモしたかしら？」

「はい、ありがとうございます」

「これらの神々は、あなたがたが願わなくても、あなたがたの日々の平和を護ってくれているわ。だからこそ感謝しないといけないのよ。せめて一年に一回は必ずお参りに行くことね」

「はい！　ちなみに、マイ神さまはひとり、一柱《ひとはしら》と決めなくていいんでしょうか？」

「そうね、一柱じゃなきゃダメとかはまったくないわ！　エネルギーが強い人ほどやりたいことは一つに留まらないから、多岐にわたるでしょう？　だから、すべてのご利益に合わせた神さまと契約をしていけばいいのよ」

「はい、分かりました！」

マイ神さまの見つけ方——2

地域に多い神さまから自分との縁を見つける

「次に、あなたの育った地域、または住んでいる地域には昔から伝わる伝承や神さまのお話はないかしら？　前にも話したように、日本の神さまはその地域特有の自然を神格化した神さまや、その土地にとても大きな貢献をした神さま・人などが祀られていることも多くあるのよ。

そういった神社の神さまは、地域の人々から地域の守り神として篤《あつ》く崇拝されているので、土地の名前をとって、なになにさまとか、親しみを込めてなになにさんと呼ばれることも多いから、探してみるのも面白いわよ。それも伝えておくわね！」

神明《しんめい》さま、お伊勢さま（神明神社・神明社・神明宮、皇大神社、天祖神社）

天照大神をお祀りする神社。神明《しんめい》とは、広く神さまを意味する場合もある。全国に1万8000社あるとされ、「神明さま」、また伊勢神宮内宮（三重県伊勢市）を総本社とする神社であることから「お伊勢さま」とも呼ばれる。

●ご利益……健康祈願・開運・厄除け・災難除け

●主な神社……伊勢神宮／東京大神宮（東京）／阿佐ヶ谷神明宮（東京）

お稲荷《いなり》さま（稲荷神社・稲荷大社・稲荷）

ウカノミタマ（トヨウケノオオカミ、ウケモチ）をお祀りする神社。全国に3万社あるとされている。しかし、小さい神社、個人宅の庭や事業所にあるような社は数えていないので、それを含めると日本の神社の3分の1は、稲荷《いなり》神社ではないかと言われている。稲荷は、「稲が成る＝稲成＝お稲荷さん」という意味で、稲は一粒の米からたくさん実がなることから、商売繁盛・五穀豊穣などのご利益がある。

お稲荷さまと聞いてキツネをイメージする人も多いかもしれないが、キツネは、お稲荷さま（ウカノミタマ、トヨウケノオオカミ、ウケモチ）に仕えるご眷属《けんぞく》（神さまの遣い）。お稲荷さまにお願いをすると早く願いが叶うと言われているが、それは、全国各地に数多くある稲荷神社を通じた神さまネットワークがあるため、眷属のキツネさんがすばやく伝達し合って、ご縁つなぎを手助けしてくれるからと言われている。昔から、農家や商家の人に多く崇敬されてきた。

●ご利益……五穀豊穣・商売繁盛・家内安全

●主な神社……伏見稲荷大社（京都）／笠間稲荷（茨城）／祐徳稲荷（佐賀）

八幡《はちまん》さま（八幡神社・八幡宮）

第15代応神天皇（誉田別命《ほんだわけのみこと》）と神功皇后《じんぐうこうごう》、比売神《ひめのかみ》の三柱《みはしら》の神さまをお祀りする神社。「八幡《はちまん》さま」と呼ばれ、全国に2万5000社あるとされる。歴史上では、源氏の守護神として崇敬されてきた。

古事記では、八幡さまは筑紫国（福岡県）で生まれ、大和に戻り、母の神功皇后のもとで皇太子となり、神功皇后の死後、第15代天皇に即位。中国の文芸や工芸を積極的に導入するなど、優れた政治で日本の文化の基礎を築いたとされている。

同時に祀られている神功皇后は、第14代仲哀天皇《ちゅうあいてんのう》の妻。ある神託を天皇に伝えるも信じてもらえず、仲哀天皇は神託を無視して戦いを強引に行うも敗北し、帰還。その後、病に襲われて亡くなった。神功皇后は夫の死に心を痛めながらも、神々の力に導かれ、後の応神天皇を妊娠中にもかかわらず、亡くなった夫の代わりに自ら兵を率いて出航し、神託どおり、新羅、高麗、百済の三韓を従わせたとされている。

戦前までは武神として、戦後は平和観念が浸透してきたので、今では教育や縁結びなどの日常の生活に根差した所願成就の神さまとして親しまれている。

●ご利益……心願成就・無病息災・家内安全
●主な神社……宇佐神宮／石清水八幡宮／鶴岡八幡宮／五泉《ごせん》八幡宮

天神さま（天神社・天満宮）

菅原道真公をお祀りする神社。全国に1万4000社以上あるとされている。

菅原道真公は、平安時代の貴族であり、学者、政治家。平民の身分から、右大臣まで上りつめたが、左大臣の藤原時平による虚偽の申告で大宰府に左遷され、失意のままに亡くなっていった。

その後、天変地異が多発したことで、朝廷はそれが道真公の祟りとして、罪を許すとともに功績をたたえ、神格化して祀ることとした。

以来、天災は収まり、今では学問の神さま、受験の神さまとして信仰され、ビジネスにおいては出世の神さまとして愛されている。

●ご利益……合格祈願・学業成就・五穀豊穣
●主な神社……太宰府天満宮／北野天満宮／防府《ほうふ》天満宮

住吉さま（住吉神社・住吉社）

海や航海の神さまである、底筒之男命《そこつつのおのみこと》・中底筒之男命《なかつつのおのみこと》・表筒之男命《うわつつのおみこと》をお祀りする神社。時には神功皇后も共にお祀りされていて、全国に2300社ある。

国土創成の神イザナギが、火の神カグヅチの出産で命を落とした妻イザナミを取り戻すために、黄泉の国《よみくに》（死者の世界）まで行くが、望みを叶えられず妻を取り戻すことができないまま、黄泉の国から帰還。それによって黄泉の穢れを受けてしまう。

その穢れを清めるために、海に入って禊をした際に、瀬の深いところで底筒之男命、瀬の流れの中間で中底筒之男命、水表で表筒之男命の三柱《みはしら》合わせて、「住吉大神」が生まれたとされている。また、この禊で「伝説の三貴神」で有名なアマテラス（左目）、ツクヨミ（右目）、スサノオ（鼻）が生まれたという。

●ご利益……航海安全、罪穢れを祓う、漁業・農耕・和歌の神

●主な神社……住吉神社（総本社、大阪府）

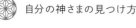

お諏訪さま（諏訪神社）

国津神《くにつかみ》最強の武神タケミナカタをお祀りする神社。その妻、八坂刀売神《やさかとめのかみ》も一緒にお祀りしている神社もある。全国に約５０００社あるとされている。

地上界の王である大国主命《おおくにぬしのみこと》の子で、天界の神々と地上界の神々が地上界の覇権を争った出雲での「国譲りの戦い」の際、最後まで国を譲ることに抵抗したのが、このタケミナカタ。天津神《あまつかみ》最強の武神タケミカヅチとの力比べに負け、信濃国の諏訪湖に追いつめられて降参して以来、諏訪の地を護る神となる。

勝負に負けた情けない神さまとして思われがちだが、本当は力が強すぎて封印されたのではないかという見方もあるほど、力の強い神さま。守るもののために屈しない強さを持つタケミナカタは、徳川家康や武田信玄をはじめとして、戦国武将に武勇の神として崇敬されてきた。

諏訪の地に移ってからは、諏訪の地を開拓したり、害獣退治、農耕・養蚕の業を広めたとされている。

●ご利益……武芸、農耕、狩猟、開拓の神

●主な神社……諏訪大社（長野県）

「まぁ、ざぁっとこんなところね。本当はもっともっとあるんだけど、あとは古事記を読んだりして、自分で勉強してみること！　あなたが住む地域に古くから残されている龍神伝説や言い伝えからもご縁を導くことができるわよ。いずれにしても、自分から神さまに近づこうとする姿勢が神さまを喜ばせる行為なのよ」

「はい、分かりました！」

（※違う視点でマイ神さまを見つけたい方は、237ページからの『第5章　数秘から神さまを見つける』をご参照ください）

まずは自分から神さまに興味を持って、
神さまのことを調べよう。
受け身ではないその姿勢こそを、
神さまは喜ぶ。

歯車が動き出す瞬間

今日は、久しぶりにばっちりメイクをした。白のワンピースを身にまとい、オシャレもしてみた。

だって、今日はデート。この前、スマホに連絡が来た、元同僚の人……。

ひょっとしたら、私の早とちりかもしれない。単なる食事のお誘いというだけで、職場の愚痴でも聞かされるだけなのかもしれない。

ヌッ!!

「なぁに？　緊張してるの？」

「はい……緊張してます」

「大丈夫よ、大丈夫！」

「……はい」

「あたしも見守ってるからねぇ」

そして、待ち合わせの場所へ……久しぶりの渋谷の街だった。相変わらず人が多い繁華街。夜に来るのはいつ以来だろう？　しかも、隣を歩くのは男性……。

働いてた時は、この人を異性として意識する余裕なんてなかったけど、今思えばこの人は仕事も要領よく、上司から可愛がられるほどで人望も厚い。何より職場にいた当時から、私を気にかけてくれているようだった。

途中ではほとんど会話もせず、予約してくれていたイタリアンのレストランへ。雰囲気のいい店内で、ゆっくり食事をして、多少のお酒も入り、ちょっとした会社の不満などの冗談を交えているうちに、盛り上がってきた。

「……（何だか、楽しいかも）」

デザートを食べて、食後のコーヒーを飲んでいる時、突然、彼が聞いてきた。

「もあさん、何で仕事やめちゃったんですか？」

「うぅん……お客様や仕事自体は大好きだったんだけどね、体力的に限界だったんだ。あのままだと大好きなお客様やエステの仕事まで嫌いになってしまいそうで……それだと、私が今まで大切にしてきたものまで失っちゃうんじゃないかって」

「……そっか」

「……」

しばらくの間、沈黙が続いた。私、無責任だと思われたかなぁ……そんなことを考えている時だった。

「あの……もあさんが職場を急にやめてしまってびっくりしたんです。あんなに仕事に一生懸命で自分の大好きな仕事がやっとできるって嬉しそうだった、もあさんだったから」

「そうだね……ちゃんと挨拶もできずにやめてしまって、ごめんなさい」

「いや、そうじゃなくて。ボクももあさんとかかわっていたはずなのに、そこまで追いつめられていたことに気づけなかった自分が、情けなくて、悔しくて……」

「……」

「それと、正直、寂しかったんです。もう、会えなくなるんだなぁって思うと……もっとそばにいて、守ってあげられたらなって考えるようになって」

「……」

「……だから、ボクと付き合ってもらえませんか？」

「え?!」

「♪　百年先も～
愛を誓うよ　君は僕の全てさ～　♪」

急に響き渡るデカい歌声、そしてデカ

い顔。私は思わずせき込んでしまった。

「グホッ、ゴホッ、ゴホッ！！」

「す、すいません、やっぱりボク、変なこと言っちゃいました？」

「い、いや、ち、違うの！（そうだ、オネエの神さまはみんなには見えないし、声も聞こえないんだった……）」

「付き合っていただくの……ダメですか？」

「ごめんっ、あ、そっちのごめんじゃなくて……ちょっと深呼吸して、落ち着かせて、フゥ～（やっと息を吐く）」

「なんだか……すいません」

「う、ううん、ありがとう……でも、なんて言えばいいんだろう」

「……」

「そう思っていただけてたなんて、嬉しいです。私で良ければ……」

「♪　百年先も～　愛を誓うよ　君は僕の全てさ～　♪」

「うるさぁ〜いっ！」

「え、えっ?!」

「あっ、あぁっ、ごめん、こっちの話。とりあえず、また連絡するね、今日はありがとう！」

「えぇ〜〜？」

私はなんだかよく分からないまま、レストランを飛び出してしまった。とりあえず、速攻で家に帰った。

オネエの神さまは、おかしな唄を歌っていた。

「♪　な、な、な、何たるチ〜ア、サンタルチ〜ア〜　♪」

勢いよく家のドアを開けた私は、オネエの神さまに言った。

「正座！」

「はい?!」

「ここに、正座っ！」

その時は、珍しくオネエの神さまは文句も言わずに正座した。

「どういうつもり？」

「いや、あの、どういうつもりもこういうつもりも（モジモジ）」

「なに？」

「つい、テンション上がってしまって」

「テンション上がったら、何してもいいの？」

「いえ、ダメです……」

「そういう時はなんて言うの？」

「ごめんなさぃ……って、バカたれぃ！　あんたぁ、私は神さまよ、神さまっ！」

ちょっとビクッとしたけど、今回ばかりは引くわけにはいかない。

「神さまなら、もっと神さまらしくしてください！」

「まったく、ギャースカカースカ、うるさい小娘ねぇ！　とにもかくにも、良かったじゃないのよ！」

「良かったけど、たしかに良かったけど、でも……たしかに良い！」

「いいんかいっ?!」

「良かった、それは事実っ！」

「で、あんた、あの子と付き合うの？」

「一応……そのつもり」

「フンっ、良かったじゃないの。おめでとう！」

「あ、ありがとう、ございます」

さっきまでの私の怒りはどこへ行ってしまったのだろうか？　すっかりオネエの神さまに丸め込まれたような気がするんだけど……。

「幸せになるのよ」

「は、はい」

「きっとよ！」

と、オネエの神さまが言った。デカい顔が何だかいつもより優しく見えた……。

そして、それからの日々は順風満帆。もちろん、つらいこと乗り越えなきゃならないことはあったけど、それも含めて学び、経験し、楽しめるようになっていた。そして、彼とはしばらくの交際期間を経て結婚、翌年には妊娠……。

あれほど、つらくて、苦しくて、何もかもがうまくいかなくて、もがき続けていた日々が、まるでウソのようにすべて順調になった。

神さまと出会った頃から始めたブログは、人気が人気を呼び、読んだ方の人生相談やカウンセリングをしているだけで、以前の収入を超えるようになった。

オネエの神さまと出会ってから、半年も経っていないのに……自分自身の変化に驚くと同時に、神さまとの出会い、神さまの存在に感謝の気持ちがどんどん湧いてきた。

「あんなに何もかもうまくいかなかったのが、こんなにうまくいくようになるなんて……」

神さまってすごいと思ったと同時に、こうも思った。間違っていたのは今までの自分で、人生は本来こういうものなのかもしれない。

自分に素直になって、不自然なことには極力距離をおいて、ありのままの自分で、流れに寄り添い、神さまとの接し方や祈り方を学んで、二人三脚で魂を磨き続けていれば、すべてうまくいくようになる。

里帰り出産で北海道に帰省する前に、義母から元気な子どもが生まれるようにと、水天宮の白いお守りを持たされた。神さまはいつも私たちを見守り、生活に密着した身近な存在なんだと改めて実感していた。

かなり大きくなったお腹をさすりながら、神さまの言った通りになったなぁと感慨深い思いに包まれることもあった。

かつては、ずっと悩んで泣いていた私。つらくて、苦しくて、どれだけがんばってもがんばってもうまくいかなくて、死んでもいいやと人生をあきらめていた。

そんな私の心は、いつも何かでいっぱいで余裕がなく、新しい何かが入る隙間なんてなかった。身体がいうことを効かなくなって、強制終了がかかって、大切に握りしめていたものも手放すしかなかった。

本当は怖かった。今までがんばって努力して築き上げてきたものが崩れ、自分が無くなってしまうんじゃないかと怖かった……。

でも、がんばることはやめた。自分の仕事への強いこだわりと理想、執着を手放した。何もかも失ったと思った時が、新しい人生の始まりだった。

そして、神さまと出会い、その出会いの中でたくさんのことを学び、振り回されながらも必死に神さまに付いていくうちに人生を変えることができた。
私が特別だったからではない。自分が生きにくい道を自ら選択していただけで、方法とコツをちゃんと知れば、誰でも望む人生は手に入れられる。
こんな経験ができたのも、命をつないでくれた両親、そして、つらい時に導いてくれた多くの神さまのおかげ。
そういう感謝の気持ちになった今、両親と神さまに私ができることはなんだろう？　できれば、恩返しがしたいと考えるようになった。

ヌッ!!

「こんにちわ！」

「ワチニンコ！」

「（つまんない冗談はいいんですけど……）私、考えてたんです。命をつないでくれた両親と、つらい時に支えてくれた神さまへの恩返しに何かできることはないかなって」

「それは……あんたが、こうして生きていてくれることよ」

「え？」

「親にとってはね、あんたがこうして元気に精一杯、幸せに生きてくれていることが何よりの恩返しなのよ。特別なことをしなくたって、親はちゃんと分かってくれてるの！

それと、あんたにはまだやることがあるのよ。あんたの人生が変わったんなら、今度はあんたが、たくさんの人の人生が変わっていくためのお手伝いをすること！」

「……ですよね、私もそれは感じてました」

「大切なことは、神さまにしてもらうばかりではなく、自分が神さまや他の人に何ができるかを考えるということ！」

「……はい！」

「私たち、実体のない神さまたちは、現世において、私たちの代わりをしてくれる人間を探してるの。ということは、今あんたはあたしであり、あたしはあんたでもあるの。

これからも、あんたがやろうとしていることに追い風を吹かしてあげるから、遠慮なく前に進むのよ！　いいこと?!」

「はい！……で、オネエの神さま、ひとつだけ聞かせてください」

「なによ？」

「あなたは一体、誰なんですか？　古事記にも他の本にも出てこないんですよね、オネエの神さまって」

「男は度胸、女は愛嬌、オネエは最強！って」

「それ、好きですね……」

「いずれ分かることよ。もうじきね！」

オネエの神さまはそう言って、にっこり笑った。

そして、さっきまでハッキリと見えていたオネエの神さまの姿がだんだん薄くなっていった。

「オネエの神さま……どうしたの？」

「……少しの間、お別れよ」

「待って！　どういうこと?!」

「少しの間だけよ、少しだけ……」

「どうして？　行かないで！　神さま、やだよ、行かないで！　そんなぁ、行かないでよぉ!!」

泣きじゃくる私の頭を、オネエの神さまはやさしく撫でてくれた。

「ふふふ……昔から変わらない。泣き虫で甘えん坊ね」

そう言い残して、オネエの神さまは姿を消していった……。

部屋の中に、風が吹いた。それは、すべてを包みこんでくれるような温かくやさしい風だった。

オネエの神さまの正体

そうして月日が経ち、中秋の名月を迎えた日に、私はふるさとの北海道で無事、３３００グラムの元気な男の子を生んだ。

初めての出産で不安だらけだった私を、そばで支えてくれた家族。母は私が陣痛に耐えている間、ずっと腰をさすってくれていた。

出産を終えた直後に私の脳に浮かんだ言葉は、『感謝』の二文字。孫の誕生を心待ちにしていた父親が、すぐに駆け付けてくれた。私の息子を嬉しそうに抱いた時の父の顔は今でも忘れられない。

「私、生きてて本当に良かった。恩返しができた」

そして、退院。真っ白のおくるみに包んで息子と無事退院した日のことだった。

帰りの車中、ふるさとの見慣れた風景を眺めていた時、白い鳥居が目に入った。そこは、幼い頃に私がよく通っていた神社の鳥居だった。

私はそのお社《やしろ》がどうしても気になって、車を停めてもらい、一人で参拝させてもらうことにした。

なんだろう、どうしてこんなに気になるんだろう。私は不思議に思った。

その神社は、釧路神社。地域一帯を守っている神社らしく、御祭神は「アメノミナカヌシ」。アメノミナカヌシさま？　聞いたことがあった。

宇宙が始まる時、天地が割れたという『天地開闢《かいびゃく》』の時に最初に現れた、万物の根源、宇宙の起源、すべてを超越した創造主とも言われている神さまで、たしか性別のない神さま。

「性別のない……って、まさか?!」

ちょっとした期待を胸にまずは参拝をした。ペコリ、ペコリ、パンパン、ペコリと二礼二拍手一礼……。

と　あのデカい顔の神さまが、**ヌッ!!**と現れると思ったが、そうはならなかった。やっと、オネエの神さまの正体が分かったかと思ったのに……。

でも、その時だった。

「あんたぁ！」

忘れもしない、いや忘れることなんてできない、あの声！

「オネエの神さま?!」

「今のあんたなら、私の姿、見える必要なんかなくってよ」

「どうしてですか?!　また一緒にいたいです！」

「見えることで、良くないことってていうのもあるのよ。何かあった時、つい私を頼ってしまうでしょ？　そういうことは逆に人の成長を妨げるの。

大丈夫、私の姿が見えなくてもあなたはもう十分、幸せに生きていける。それに、私はあなたをこれからもずっとず～っと見守っているわ。永遠にね、フォーエバーよ！」

「……オネエの神さま」

「あんたのこと、大好きよ。これからも、ずっと、ずっとね……」

壮大な大地のエネルギーを有する地

東京に戻った私は、不慣れな子育てに追われる日々を送りながら、神さまと過ごした、あの楽しかった日々を思い返していた。

再び北海道の地を訪れたのは、長い冬も終わりを告げ、温かい春を迎えようとしていた頃だった。

「せっかく北海道に来たことだし、久しぶりにゆっくり観光でもしようかなぁ」

少し大きくなった子どもと私の両親とともに、久しぶりに車で20分ほどの摩周湖を訪れた。息子とは初めて眺める摩周湖だった。

「やっぱり、ここはいつ来てもきれいだなぁ」

摩周ブルーと言われる深い青色の湖面、この世のものとは思えない青の深さに、太陽の光が反射して視界いっぱいがキラキラと輝いて見えた。

私の地元、北海道弟子屈《てしかが》町には阿寒摩周国立公園があり、日本最大のカルデラ地形と言われている。今も活火山の硫黄山（アトサヌプリ）をはじめ、多くの山々に囲まれ、湖や温泉、湧水と言った水資源も豊富な地域。

聞くところによると、ここには大地の気が集まる＝龍脈が通っていて、その地形は、旭岳（大雪山連峰の主峰）から始まり、東に流れ、阿寒湖・屈斜路湖・摩周湖の３つの湖を龍がとぐろを巻くように水を抱いた地形となっている。

それは、知床半島まで続く壮大な大地のエネルギーを有するパワースポットになっているらしい。

風水でも吉相地形だとされる「山環水抱《さんかんすいほう》」という大地から生じた気が、池や湖などの水に蓄えられ、その高い波動の気が風に流されてしまわないように、池や湖のまわりを山々が囲んだ地形をしているのだという。

もともとここの地域に住んでいた人たちは、土地のそのエネルギーや神秘性を感じとっていたのかもしれない。

だからなのか、神のつく地名がとても多く、地域一体が神さまそのものの御神体となっている。

その中核を担う摩周湖は、注ぎ込む川も出る川もない、完全なる山環水抱の形をしているため、アイヌの人々から「カムイトー（神の湖）」と呼ばれてきた。

あたりには、湖を見守るようにそびえる摩周岳「カムイヌプリ（神の山）」や、摩周湖の湧水が地下を通り湧き出ていると言われる神秘の池「神の子池」など、神の名が入る地名が多く存在している。

キラキラと輝く水面を見つめ、心静かにゆっくりと目を凝らすと、陰と陽のエネルギーを持つ黒と白の二対の龍神が、湖をぐるりと覆うように、地には黒い龍神、天には白い龍神がうっすらと見えてきた。

「……なぜ、ここに龍神さまがいるんだろう」

私のふとした疑問に、心の底に響く

ような重く低い声の言葉が聞こえてきた。

「ここは、原初の自然を有する神聖な地。我らは創造神に仕える龍神なり」

厳粛な圧力と、返って来た返答に私は圧倒された。

改めて見ると、目の前の大きな龍神さまだけではなく、空には無数の妖精さんや眷属（神さまの遣い）さまたちが風に乗って舞い、草木には小さな自然の神さまたちが囁き合い、太陽の神さま、地の神さま、水の神さま、風の神さま、空気の神さま、動物の神さま……。

この場所、いやこの国には、目に見える場所、目には見えない場所、ありとあらゆるそのすべてが、元気いっぱいの神さまたちであふれている。

このような恵まれた土地で育った私は、それが当たり前になっていたので、これまでこんな大切なことを気にもとめず、過ごしていた。その偉大さにこうして気づかされるのは、いつも都会から帰って来た時だ。

この国では、神さまたちが生きている。私たち、人とともに神さまたちが生きている。

「……なんて、幸せなことなんだろう」

そう口にしたと同時に思い浮かぶ、オネエの神さまのどデカい顔、どデカい声、バカみたいに一緒に笑いあった日々……。

私の頬に、一筋の涙が流れていった。

第4章

神さまに聞いてみよう!

神さまの教え1

――家を神社化する

さて、ここからは私がオネエの神さまと交わした会話の中で、印象に残ったことを皆さんにお伝えさせていただきます。

「ねぇ、オネエの神さま。神社やお墓参りに行くとなると、人によっては回数が限られてしまいますよね。そういう方はどうしたらいいですか？」

「それはもうあれよ、自分の家をパワースポット化、神社化することね！」

「そんなことできるんですか？」

「できるわよ。例えばあなたの家の場合だったら、神棚を祀って、そこに私が祀られている神社から授かってきた神札をお入れして、毎朝、お酒とお米とお水をお供えして、手を合わ

せるのよ。

神社のお札、いわゆる神札には神さまの御霊《みたま》が入っているんだから、そのお札を持ち帰るということは、その神さまを自宅にお招きするということでもあるのよ」

「自宅にお招きするんですね？」

「そういうこと。あと、神さまは稲からできるお米、お酒、お餅が大好物なのよ。あとはそういうものを供えようとしてくれる人の気持ちが大好きなの」

「お米、お酒、お餅ですね。私も好き！　特に日本酒は最高！」

「手を合わせるといっても、毎日のことになると願うことがなくなってくるから、伝えることはただ一つ！

八百万《やおよろず》の神々さま、ご先祖さま、今日も家族一同、見守ってくださりありがとうございます！

そうお祈りするだけでいいのよ！」

「それだけ？」

「そうよ！　ただあえて言うなら、祈る前にその神さまの名前を呼ぶことはした方がいいわね」

「そうなんですね！」

「何度も教えたわよね、日本の神は八百万の神だって！　早い話が、ただ神さまって呼ばれても、ん？　誰行かせましょ？ってなるわけ。きちんと名前でお呼びすると、その神さまがきちんと対応してくれるのよ！

それは神社でも同じ。きちんと神さまの名前を呼んでから、お祈りを捧げるようにする。それはご祭神のことをちゃんと知っているということでもあるからね。その気持ちと、親しみを込めた呼びかけに、私たち神さまは必ず応えるのよ！　お分かり?!」

「はい、お分かりでありんす！」

神さまの教え2
――お札《ふだ》を並べても神さまはケンカをしないの？

「よく聞かれることなんですけど、違う神さまのお札《ふだ》を並べると神さま同士がケンカすると言われるんですけど、それについてはどうですか？」

「お札やお守りを複数お祀りしたからと言って、神さま同士がケンカするなんてことはありえないわよ！　私たちを誰だと思ってるの、神よ、神！」

「ですよね！」

「日本は八百万の神だから、もともと神さまが複数いることが前提なのよ。同じ空間内に神さまが複数いてはいけないとなると、神社の摂社末社《せっしゃまっしゃ》もすべてダメということになってしまうわよね」

「たしかに、そうですよね」

「それに、私たち神さまは個体じゃなくて、無限に重なり合えるエネルギー体なの。だから、いくら同じ場所に並べようとも問題はない。
ただ、一つだけ言っておくわね。複数の神さまを祀ったり、信仰して、それで神さまがケンカをする場合、それは実は信仰している人自身の心が迷っていたり、ケンカをしてしまっているの。自分の心にいろんな思いが混在してしまって、心が定まっていないということ。
あっちの神さまにご利益《りやく》がある、こっちの神さまにパワーがある、とあっちこっちに行って、お神札やお守りを手にしても、神さまたちからしたら、結局、どうなりたいの？となって、力になってあげられないのよ。かつての誰かさんみたいにねぇ」

「……で、ですね」

「あなたはどうなりたい？と問われても、何となく幸せになりたい、とりあえず何々を何とかしてほしいとしか答えられず、願いが定まらずに心が散らかってしまって、祀る神さまも散らかっていたら、ざわついている心のうちをそのまま現実化してしまうだけなの。そこのところしっかり覚えておくのよ、あんた!!」

「はい、しっかり覚えておきます！」

神さまの教え3
——願いを叶えるための3つのポイント

「願いを叶えるために抑えておいて欲しいポイントは、主に3つよ！」

「気になります！　教えてください」

「1つ目は、願いごとというのは、積み立て方式だということ。有名なパワースポットや神社に行って、1回お願いごとをするだけでは願いというものはなかなか叶わないものなのよ」

「なんで叶えてくれないの？」

「人が願う時って、自分自身が本当に望んでいることなのか、それとも一時的な感情を満たすために抱いた願いなのか判断がつかないことが多いのよね。例えば、今まで仲良くしていた友だちから急に悪口を言われ傷ついたから恨んでやる！　怪我でもすればいいと願ったとする」

「ちょっと怖い願いですけど……」

「そうか分かった、と本当にすぐそのあとにその友だちが怪我をしたら、本当にその怪我が心から喜ばしいことだと思える？」

「いいえ、思えませんね。少なくとも今まで仲良くしていたわけだし。なんか、冷静になった時にごめんって反省すると思います」

「そうよね。その友だちだって自分が悪いことしたと思って実は悔いていて、次の日にあやまろうとしていたかもしれないしね。もし、次の日あやまってくれたなら、そんな願いは本心では願ってなかったことでしょ？

だからこそ、その願いが本当に望んでいるものなのか、一時の感情を満たすためのものなのか、自分自神が見極める必要が出てくるのよ。

そこで、願いを積み立て方式にすることによって、日常的に何度も何度も願いたいほど叶えたいものなのか見極められることができ、本当の願いに気づけた時、一つ一つの祈りのエネルギーがプラス1、プラス1と貯まり続けていって……ある日、臨海点を超えて、大きな願いが叶う！といった流れになるわ。そのために必要なことが毎日祈るということ！」

「フムフム」

「本当に分かってんの?! なんだか頼りないけど、まぁいいわ！ そんなに毎日は神社に行けませんという人もいるかもしれないけど、毎日行く必要はないの。だからこそ、さっき言ったように家を神社化するというのが大事になってくるのよ！

好きな神社にお参りして、お札を授かり、そのお札を自宅の神棚や大切な場所に置いて、毎日、感謝の祈りを捧げる……それがいいのよ！」

「なるほど！」

「毎日、手を合わせて、祈りと感謝を捧げることで、光の粒子が神さまに届けられ、願いが叶いやすくなるの。願い方にもコツがあるのよね！」

「コツですね！」

「2つ目は、その願いの根源が不安から来るものなのか、喜びから来るものなのかも見極めることが大事よ。さっきの話で最初に願っていたのもそうよね。悪口をきっかけに他の人からもいじめられるんじゃないかという不安や、傷つけられたというネガティブな感情が根源の願いだったじゃない？

他にも、貧乏でひもじい生活をしたくないからお金が欲しいという後ろ向きな願いなのか、多くの人を喜ばせたいからもっとお金が欲しいという前向きな願いかでは、同じお金を得る行為でも起こる現実や精神的な豊かさも変わってくるわよね。自分の願いが、不安から来るものか、喜びから来るものなのか、願う前に一度見直してみなさい」

「はい！」

「3つ目は、お願いが叶うスピードを加速度的に上げる方法！」

「ぜひぜひ、教えてください！」

「願うっていうのは、決意表明するってことなのよ。祈りやお願いと同時に、行動すること が大事。祈って、動く。願って、動く。願いがハンドルみたいなものとすると、行動は目的地まで行くためのエンジンね！

本当の望みなしにいくら行動しても、ただの暴走、道に迷うだけよ。逆に行動しないで望みだけ伝えられても、地図があるだけで移動手段がないから、何も起こりゃしないわね。お願いを叶える上では、願いと行動がともなう必要があるわ。

なになにするためにこういう努力を積み重ねています！　どうかこれからも見守ってください！といった決意表明をする感覚でいてほしいわね！」

神さまの教え4
――お墓参りの効果・効能

「神社で祀られているような神は別として、他にあんたたちを一番近くで護ってくれている神さまがいるの。誰だと思う？」

「……誰でしょう？」

「ご先祖さまたち！　きちんと自分の命をつないでくれたご先祖さまに感謝すること。あと、お墓参りね。ご先祖さまの魂というのは、あなたたちを一番近くで護ってくれる存在なわけだから。

できれば、月1回ぐらいはね。それが無理なら、せめてお盆やお正月ぐらいは顔を見せてあげてほしいわ。すると、ご先祖さまは飛び上がるように嬉しくて、あなたたちを護るために全力を尽くしてくれるの。

だからこそ、ちゃんとお墓参り、そしてお墓の管理をしてあげて、家でも仏壇や神棚で供養をしてあげることが大事ね！
自分がご飯を食べる時に、一緒に食べようっと心の中で声をかけても喜ぶわよ。あなたの身体を流れているのは、ご先祖さまの血でもあるんだから」

「はい……でも」

「でも？」

「もし、肉親やご先祖さまと生前、仲が悪かった場合は？」

「肉体がある状態のご先祖さまと、魂の状態であるご先祖さまは違うの。魂になった存在は、死後の世界の振り返りの中で、この世での穢《けが》れをすべて清められ、穢れがない状態になってる。いわゆる純度100％の人間本来の愛と思いやりにあふれた状態になってるわ。
そういう状態になると、子孫への気持ちは、ただ愛してる、ただ幸せになってほしい。そ

れだけ！
そこには現世での仲たがいもなければ、わだかまりもないのよ。むしろ、生きている時はごめんね。その分、魂の世界では存分に愛させてねと思っているのよ。私たち神さまたちもそうだけど、魂という存在は本来はそういうもんだということを分かってほしいわね」

「なんだか、感動的なんですけど」

「そりゃそうよ、あたしだって、言いながら感動してんだから！
それでね、血縁というのは連綿と続く命の連鎖なの。その命のバトンの先頭に立っているのが、今のあんたよ！ そのことを忘れないようにしなさい。魂となり、純粋な愛の存在となったご先祖さまは、一番身近なあなたたちの人生をしっかりと守り、応援してくれてる存在なのよ」

神さまの教え5

――神さまの声を疑う

「ときどき怖いことを聞いたりするんですけど、神さまだと信じていたのが神さまの姿に化けてた悪魔だったせいで、困ったことになったとか……そういうことってあるんですか？」

「そうね、それは選別が必要ね。ポイントは誰が言っているかというよりも、自分はどうしたいのか？ということに耳を傾けること。すると、必ず自分自神が反応するから、自分自神がね！

しっかりと耳を傾けて、自分がしようとしている行動に違和感を持つようだったら、それは神さまからの言葉ではないわね」

「自分自神ですか……分かるもんですか？」

「その時、すぐに疑いが出るようならやめたほうがいいわね。大切なのは神さまに依存しないこと。必ず、自分はどうしたいのか？を自分自神に問うこと。
それは、人間の発言でも同じでしょ。有名な誰それさんが言ってるから、専門家の何がしさんが言ってるから、私は信じるし、疑わない！　というのではあまりにも情けないわよ。いくら有名な人だからといって、営利目的で誘導している場合だって大いにあるわ。相手はそれが仕事だからね。ちゃんと割り切りなさい。神さまが言うからやるのではなく、自分自神にピーンと来る反応があるのかを確かめるのよ」

「自分自神がピーンと来る感覚を大切にするわけですね！」

「気をつけてほしいのは、自分の感覚や直観があるにもかかわらず否定する人がいるということね。私にはそんな才能ないから、お金がないから、縁がないから、環境が悪いからなど、なになにだからできないと逃げの考えに走っちゃうのよね。向き合わなければいけない課題から目を背けないこと！
あんたを例にとってみようか？　ネガティブな出来事への感情が反応して繰り返し苦しめ

られていても、私は神経質だから仕方がないと、生きにくいことの解決策を考えることを放棄してきたわよね。
そうじゃなくて、自分の精神的な傾向をしっかりと捉えて、対策をしていくことが自身の成長へとつながっていくの。自分の内的成長自体を放棄しないで欲しいわ！」

「（ギクッ！）」

「なぜ、そういうことが大事かお分かり？」

「えぇと……自分の魂を磨くため、ですか？」

「本質はそうね！　あとは、そこに行きつくまでの過程に我々神のように、人々に貢献するという課題があるの。ＲＰＧゲームでいう、仲間と互いに協力してクエストをクリアする感覚ね。その自分の課題に向き合う、人々に貢献するクエストをクリアすると経験値がたくさんもらえる。経験値をたくさんもらうことにより魂に磨きがかかるイメージよ」

「経験値をもらって、魂に磨きがかかるんですね！」

「そして、ここからが大事よ。自分の課題に向き合って、改善策や解決策を導き出して、クリアしたなら、同じような悩みで今、苦しんでいる人を救っていってほしいの。

あんたの人生のすべての経験が、他の誰かの教訓として生き続けるのよ。課題に直面した人からすれば、あんたの言葉、経験が救いとなるでしょ？　あんたによって気づきを得る人が多くいるの。

今すぐにでも、できることはたくさんあるわよ。あなたと似た視点の持ち主は、あなたが発信や思いを表現することによって共鳴し、集まり、互いの魂を相乗効果で輝かせていくんだから！　互いに高め合える仲間と出会いなさい！」

神さまの教え6
——人が病気をする理由

「今度はあたしからの質問だけど、病気ってなんでなるか分かる？」

「うぅん……無理しすぎて負荷がかかっている状態だからでしょうか？」

「病気って、あなたたちが自分の本当のニーズに気づかなかったり、感情を抑圧して、見て見ぬふりばかりで対処をしていないせいで、自分の身体が進みたい方向と違うよっと知らせてくれているサインなの」

「……サインですか？」

「病気に隠されたサインと向き合えば、改善する方法も分かるのよ。あんたがうつ病だった時は、自分にとって当然のことが侵害されている、自分をもっと大切にしたいという感情を抑圧し続けた結果よ。今は、自己免疫疾患予備軍よね」

「はい……遺伝はしないとされていますが、精神的にショックを受けた時、その傾向が出てきてしまいましたね」

「それ、改善する方法あるわよ」

「ほんとに？」

「その病気が、どんな症状で身体を痛めているか知りなさい。例えば、あなたの場合は免疫機能が正常に働きづらくなっている状態よね。

免疫とは、外部から侵入してきた異物を非自己と認識して排除する防衛機能の役割をしているけど、あんたの場合はその免疫機能が暴走して、自分を攻撃することで健康な臓器や組

織までも傷つけている状態なの。

これは自分の身体の中で起こっていることだけど、自分が普段生活しているうえでも、何か心当たりないかしら？」

「ひょっとして……自分を自分で攻撃して傷つける、自己否定ですか？」

「そう、自己否定！　自分への攻撃が過剰になりすぎると、本来の感情や本当はこうしたい！　というニーズを無視してる状態だから、魂や身体は気づいてもらえるよう、不調、病気という身体の症状としてサインを送るの。

本当のニーズ、抑圧していた感情に気づいて、向き合わなければいけない課題に気づいてほしいのよ」

「そう言えば、パワハラを受けながらもバリバリ仕事していた時は、よく扁桃炎で39度ぐらいの熱を年に3回以上は出して、午前中に点滴、午後から出勤してとかで死にそうになってました。

いいようにこき使われ、単価の高いお客様は上司に持っていかれて、指名をとればとったで、いろいろ言われたりして……。

言い返したいこともあったし、納得のいかないこともあったけど我慢してたから、そういった未消化のエネルギーが溜まりに溜まって扁桃腺の腫れとして炎症、つまりエネルギーの放出、噴火を起こしていたんですかね。でも、辞めた今はそういった症状はまったくないです」

「病気だから何々ができない、体調が悪いからどこそこへ行けないというのは、本当は病気を治そうとは思っていないの。だってすべて病気のせいにして、課題から目を背けていられるでしょう？　病気じゃなくても、言い訳ってそういうもんよ。できない自分、やりたくない自分を言い訳でごまかしてるだけ。自分は傷つきたくない、悪くないって正当化したかったりね。

本当に病気を克服したかったら、病気を克服した先にどんな自分を思い描くのか？　本来の自分らしく生きるということはどういうことなのか？　といったことを具体的にイメージして言葉にしていけば、きっと改善していくわよ」

「はい、試してみます！」

「肉体は、魂の器だからね。病気や身体の障害で苦しむ前に、心の障害を取り除いて、心が自由であればいくらでも人生を楽しむことができるの！」

「そうですね！」

「病気にしろ、人間関係などの外的要因にしろ、あなたのまわりで起こっていることは、今回の人生で乗り越えるべき課題として起こっているのよ。絶対に乗り越えられるんだけど、魂を成長させるための課題ではあるから、それなりの苦労はつきもの！

その課題を乗り越えた先の魂の成長をあなたは受け取りに来ているわけだし、それを楽しむために生まれてきている。それは、生まれる前に自分で決めてきていることだからね。

もし、あんたたちが課題に向き合わず無視し続けても、言ってみれば目の上のたんこぶのように繰り返し繰り返しやって来る。だから、課題から逃げても無駄なのよ。

何度も同じ境遇や感情にさせられている場合は、まだ未消化なものがあるはずだから、しっかりとその課題に向き合うことをおススメするわね！」

「繰り返し起こることは、気づいて変わるためのサインなのですね」

「脳の研究で分かっていることだけど、人はネガティブな刺激に一番強く反応するのよ。日本人は特にネガティブな情報に反応しやすい遺伝子を持っているんだって。だから、そういうものだと思って受け入れること。大切なのは自分はどうしたいのかが重要なのよ、分かったわね?!」

「はい、お分かりでありんす！」

神さまの教え7
——マイ神さまが分からない時は？

「マイ神さまが誰なのか分からない場合は、どうしたらいいですか？」

「そんな人に、いい方法があるわよ」

「なんでしょう?!」

「通勤や通学の時なども利用して、少しずつでも神社に参拝することをおススメするわね。最初は誰でもが、祈ってても雑念ばかりで、本当の自分の願いというものが見えてこないかもしれないわ。それでも何回も何回も参拝するの」

「何回もですね！」

「そうしていくうちに、次第に穢《けが》れが祓《はら》われていって、あれやこれやと願うことはなくなっていって、自分が本当に求めている願いが見えてくるの。それは大体はいたってシンプルなもの！

家族で幸せに暮らすとか、親子仲良しでいるとかね。本当は家族で幸せになりたいからお金が欲しいのに、根本の願いを見れていないから、お金が欲しいとだけお願いして、うまく願いが叶わない……。

場合によっては、私たち神さまも、それはあなたの本当の願いと違うんじゃない？と気づかせるために、あえてトラブルや試練を起こすこともあるわね」

「それは、やだなぁ」

「でも、そういうことを経験しないとダメなわけ。そういうことを経験して、何回も何回も祈っていくうちに、穢れが祓われて、真っ白な心になっていく……。

その時こそ、シンプルにその願いを祈り、そのご利益《りやく》に応じた神さまを見つけて、マイ神さまにすればいいの。日本には八百万《やおよろず》の神がいるんだから、必ずあんたたちの願いに合ったご利益を持つ神がいるわ」

「なるほどですねぇ」

「マイ神さまを決める上で大切なことは、何度も言ってるように自分の本当の願いを知ること。それを知らないと、神さまは動けない。あんたたちの心の鏡の存在である神さまに、嘘をついてもムダなのよ！

自分の本当の願いはある意味、今回の人生におけるテーマ！　そのことにまっすぐ向き合って、あんたたちの本当の心の中を見ようとする努力を怠らないでほしいわね」

第5章

数秘（自分の性格）から
マイ神さまを
見つける

運勢や宿命を占う

古事記を読んだり、日本の神さまのお話しを見聞きしたことのある人なら、こんなことを感じたことないでしょうか。

「この神さまの性格、友だちの誰それに似てるわぁ」

「この神さまのしていること。私も同じことしてるかも……」

「あの神さまのかもし出す雰囲気、あの人に似ているのよねぇ」

「神話に出てくる男神のダメっぷりときたら、すごいわねぇ」

などなど……。

日本の神さまの性格には、現代の私たちにも当てはまることが多々あります。

類似性の法則という言葉を聞いたことありませんか？　類似性の法則とは「自分と共通点のある人に親近感が湧く」ということです。

神さまたちの性格的特徴もまた自分との類似性に役立つ要素でもあり、それを知ることで、神さまと私たち人間との周波数が合いやすくなります。

共鳴し合った周波数は、互いにエネルギーを高め合うので、その神さまの性格的傾向を深く知ることで、いざとなった時にどのような対処をしていけば、より最適な道を歩めるかの道しるべとなってくれます。

この章では、自分と神さまの類似点を見つけて、神さまとの距離を縮めてもらえれば幸いです。

さて、169ページあたりでもマイ神さまを見つけるヒントを書かせていただきましたが、ここでは数秘術という方法を用いて、神さまとあなたの類似性について見ていきます。

数秘術とは、皆さんそれぞれの生年月日や名前を数字に置き換えて、ひと桁（11、22、33など一部例外あり）になるまですべての数字を足し、最後に出た数字の持つ意味から、運勢傾向や先天的な宿命を占う方法です。

ここでは簡単な数秘で導き出した、あなたの性格的特徴や運勢傾向に、どの神さまが守護神として該当するかを「神和数秘」と名付けて当てはめてみました。

自らを知ることが自分の神さまを知る第一歩というのは、本文でも書いたことでもありますが、ぜひ、この神和数秘を用いて自分の数秘とリンクした神さまを見つけましょう！

〈神和数秘の考え方〉

あなたの誕生日から導き出した数字と、生まれた時の名前に隠された数字の2種類からあなたとご縁のある神さまを導き出します。

私たちがなんのために、どうして生まれてきたのか。お子さんがいらっしゃる方は、こんな話を聞いたことはないでしょうか？

子どもが「お空の上でお母さんを選んでいて、お母さんがかわいいと思ったから来た」、「人の役に立つために生まれて来た」などの胎内記憶（地球に生まれる前やお母さんのお腹の中での記憶）の話です。

私も胎内記憶を持っていますし、私の息子もときどき話してくれるのですが、生まれる前に決めてきたことがある、生まれ方を選ぶ、自分が決めた地球に生まれたらやりたいこと、使命を思い出せるように名前にヒントを隠しているということもあります。

自分の誕生日や名前をひも解いていくと、何を体験しに、どんなことに喜びを持って生まれてきたのかを知ることができます。

神和数秘では、大きくわけて2つの視点から自分を知っていただきます。外面だけでなく、内面からイキイキと輝く人生を送っていただくためにも知っていただきたい数字と神さまです。そして、ほとんどの方が外神数と内神数で数秘が違います。

外神数で出る数字は、自分の御魂の外側つまり、他人から見た表面的な自分が現れる数字です。内神数は、御魂に秘めている使命やテーマ、今世の役割などが現れやすい数字です。

そういったことを念頭に入れて、ご自身とご縁のある神さまを探してみてください。あなたがより生きやすくなるヒントを神さまが教えてくださいますよ。

外神数

〈生年月日から導く数字〉

- 自分が自然にやっていること、考え方
- 行動パターン、他人から見た自分を表す数字

あなたの強みや、どう生きるかどう考えるかのあり方が現れます。あなたを現すメインの

数字でテーマとなっているぶん、自分が持っている外神数の性質を否定していると悩みにつながりやすい状態になっていることが多くあります。

物事がうまくいかず、生きるのにしんどさを感じている場合は、たいていこの外神数を無視していたり、反対の行動をとっていたり、持ち前の力を否定していることがあるでしょう。

自分らしいキャラクターが現れている数字なので外神数であらわされた神さまの特徴と似ている部分があると思います。その神さまが登場する神話を読んだり、その神さまの祀られている神社に行くと、「待っていたよ〜」っと歓迎のサインがもらえるかもしれませんね。神さまに手を合わせた時に心地よい風が吹いたり、祭や結婚式や祝詞《のりと》事を行なっていたり、氏子さんに話しかけられる、蝶や動物が境内にあらわれたりと、さまざまな方法であなたを歓迎していることを知らせてくださいます。

内神数

〈生まれた時の名前から導く数字〉

- **生まれる前に決めて来た使命・テーマ**
- **秘められた才能、仕事などで活かせること**
- **あなたの役割が示されている数字。**

才能を発揮し、使命を果たしていくうえで感じていたい感情、経験が描かれています。この数字は、本人でも気づきにくい才能や欲求が隠れている数字です。潜在意識の深いところを表す数字なので、この内神数の欲求を満たすことによって外神数が表す自分らしさがより発揮されやすくなります。

自分の内側から外に輝く光が強くなるので、内神数の欲求である魂の望みを知っていくことが、人生をよりスムーズに動かす鍵となってくるでしょう。

魂が望み、求めていること、自分の格となっていることを満たしたい時に仲良くなるといい神さまを探すことができます。

神和数秘の計算方法

【外神数】 生年月日 から導く数字

① 生年月日の数をすべてヒトケタになるまで足す

例えば、1987年12月25日 生まれの場合

$$1+9+8+7+1+2+2+5=35$$

$$3+5=8$$

この場合、【8】の282ページへ

【内神数】 名前 から導く数字

① 名前をローマ字に変換

（例）TANAKA YOKO

② 左ページの表から数字を当てはめる

215121　7626

③ ヒトケタになるまですべて足す

$$2+1+5+1+2+1+7+6+2+6=33$$

この場合、【33】の304ページへ

※変換する時の注意

- 撥音「ん」：「N」で表記
  ※「B」「M」「P」の前の場合は、「M」で表記
  （例：かんだ→KANDA、ほんま→HOMMA）
- 促音「っ」：子音を重ねて表記
  ※「CH」の前の場合は、「T」で表記
  （例：はっとり→HATTORI、はっちょう→HATHYO）
- 長音「お」「う」：「O」「U」で表記しない
  ※末尾に「う」が来る場合は、「O」で表記
  （例：いとう→ITO、さいとう→SAITO）

1	2	3	4	5	6	7	8	9
A	B	C	D	E	F	G	H	I
J	K	L	M	N	O	P	Q	R
S	T	U	V	W	X	Y	Z	

あ	A	い	I	う	U	え	E	お	O
か	KA	き	KI	く	KU	け	KE	こ	KO
さ	SA	し	SHI	す	SU	せ	SE	そ	SO
た	TA	ち	CHI	つ	TSU	て	TE	と	TO
な	NA	に	NI	ぬ	NU	ね	NE	の	NO
は	HA	ひ	HI	ふ	FU	へ	HE	ほ	HO
ま	MA	み	MI	む	MU	め	ME	も	MO
や	YA			ゆ	YU			よ	YO
ら	RA	り	RI	る	RU	れ	RE	ろ	RO
わ	WA	ゐ	I			ゑ	E	を	O

が	GA	ぎ	GI	ぐ	GU	げ	GE	ご	GO
ざ	ZA	じ	JI	ず	ZU	ぜ	ZE	ぞ	ZO
だ	DA	ぢ	JI	づ	ZU	で	DE	ど	DO
ば	BA	び	BI	ぶ	BU	べ	BE	ぼ	BO
ぱ	PA	ぴ	PI	ぷ	PU	ぺ	PE	ぽ	PO

きゃ	KYA	きゅ	KYU	きょ	KYO
しゃ	SHA	しゅ	SHU	しょ	SHO
ちゃ	CHA	ちゅ	CHU	ちょ	CHO
にゃ	NYA	にゅ	NYU	にょ	NYO
ひゃ	HYA	ひゅ	HYU	ひょ	HYO
みゃ	MYA	みゅ	MYU	みょ	MYO
りゃ	RYA	りゅ	RYU	りょ	RYO

ぎゃ	GYA	ぎゅ	GYU	ぎょ	GYO
じゃ	JA	じゅ	JU	じょ	JO
びゃ	BYA	びゅ	BYU	びょ	BYO
ぴゃ	PYA	ぴゅ	PYU	ぴょ	PYO

数秘 1

アマテラス

ラッキーカラー／**レッド**

「太陽の神」アマテラスさまは、神々のトップとしてまとめ役を務めている、日本人全員の総氏神です。どの世界においても、取りまとめるリーダーがいなければまとまりがつかず、組織として成り立つことはできません。

アマテラスさまは、八百万の神々のようにさまざまな個性を持ったものが、お互いを尊重し合い、共存していく社会を築き上げるための強さと優しさを兼ね備えた神さまであり、この数秘1を持つ人は、太陽神アマテラスさまのように、周囲の人を明るく照らしながら、皆をまとめ上げ、統合させ向上するよう引っ張っていくような存在です。

●神格

太陽神、高天原《たかまがはら》の主神、皇祖神、日本の総氏神

●ご利益

国土安泰、福徳、開運、勝運

●別称

天照大神、天照大御神、天照皇大神、お伊勢様、神明様など

●キーワード

陽／感情／自立／積極的／行動力／リーダーシップ／攻撃性／男性的／開拓／精神／自己中心的／エネルギッシュ／スタート／トップ／ひとつ／根源／統合／前進／はじまり／向上心／矢印／明るい／情熱的／決断力／実行力／先駆者

●自分の内面（何を大切にしているか、何に喜びを感じるか）

何かにおいてトップでいること。人より長けているものがあると喜びを感じる傾向にあります。0から1を作ることに喜びを感じて、それを表現していくことを好みます。新しいものに触れたり、自身も新しいものを生み出す先駆者となることです。

●自分の外面（他人から見た自分や自分がつくり出しているキャラクター）

よく目立ち、華やかな印象を与えます。声が大きく、通りやすいかもしれません。周囲からリーダーシップを持った人と見られています。次々に新しいことに精力的にチャレンジするため、一目置かれる存在です。

エネルギッシュな分、まわりがついていけない時や分かってもらえないと距離を置かれることもあるので注意が必要です。トップを目指したり、リーダーシップを取って行動していくことで、あなたらしさがより輝くことを示しているので、活動的になれない時はアマテラスさまに会いに行ってみてください。

●生まれる前に決めて来た使命やテーマ

自分で決め、自分に責任を持つこと。その上で自信を養い、リーダーとして活躍することを使命として来ています。

明るく陽気で、責任感を持って物事を成し遂げたいと決めているので、太陽のように中心に立って人を支え、活躍することを理想としています。

●やりたいことや人生の方向性を形にするために必要なこと

思い切って、スタートすること。スピードを持って行動することがあなたの強み。何か問題に直面し、悩んだ時も、周囲に合わせて足踏みするよりも、持ち前の決断力と明るさで踏み出せばおのずと物事が循環し始めます。

結果を出すための努力はしつつも、あなたが今できる最大限のパワーを注ぎ、チャレンジし続けてください。アマテラスさまは、明るく活動的なあなたが大好きです。

●祀られている主な神社

皇大神宮《こうたい》（内宮）（三重県伊勢市宇治館町）
芝大神宮（東京都港区芝大門）
四柱神社《よはしら》（長野県松本市大手）
神明神社（岐阜県加茂郡八百津町）
高浜神社（大阪府吹田市高浜町）
西宮神社（兵庫県西宮市社家町）
新田神社（鹿児島県薩摩川内市宮内町）
天岩戸《あまのいわと》神社（宮崎県西臼杵郡高千穂町）
榎原《よわら》神社（宮崎県日南市南郷町）
普天満宮（沖縄県宜野湾市普天間）

数秘 2

ツクヨミ

ラッキーカラー／**ホワイト**

「月の神」ツクヨミさま。イザナギの禊《みそぎ》の際に右目から生まれ、アマテラスさま（左目）と対照的な役割で描かれることが多い神さま。昔の人は、月の満ち欠けにより田植えや収穫の時期などの歴を読んでいたことから、農耕の神、占いの神としても祀られてきました。

「伝説の三貴神」の一柱でありながら、古事記や日本書紀にもあまり登場しないのは、昼間の太陽のように、明るく元気に皆を照らすのとはまた別に、身体を休める時間である夜に人々をそっと癒し、次の活動へ送り出す役割や、太陽の光がない世界でも闇に覆われることなく、皆が安心できるよう見守る役割があるからです。

数秘2を持つ人は、そんなツクヨミさまのように、表に立つものをサポートできるような、縁の下の力持ちのような存在であります。

●**神格**

月の神、農耕神、占いの神

●**ご利益**

農業、五穀豊穣、所願成就、航海安全

●**別称**

ツキヨミ、月読尊、月弓尊、月夜見尊、月讀尊

●キーワード

適応力／協調／感受性／繊細／対極／保守的／繊細／女性的／共感力／温厚／誠実／調和／母性／平和主義／謙虚／穏やか／繊細／支える／サポート／サブ／陰／影／月／落ち着き／奉仕

●自分の内面（何を大切にしているか、何に喜びを感じるか）

争いを好まない平和主義。人の相談に乗ったり、誰かのサポートに回ること、人に尽くすことに喜びを感じる。家族のケアも忘れずに、一緒にいる時間を増やしてみましょう。

●自分の外面（他人から見た自分や自分がつくり出しているキャラクター）

周囲から優しくおとなしい印象で見られています。人の気持ちにそっと寄り添い優しく向き合ってくれるイメージから、悩み事を相談されることも多いかも。でも、その反面、自分に依存されたり、頼られっぱなしだとストレスが溜まり疲れるので人との距離を置きたくなることもあるでしょう。あなたの良さは、そういった二極のもののバランスをとることを学んでいく中で魂が磨かれていくので、不安定になりやすい時は、ツクヨミさまに会いに行ってください。

●生まれる前に決めて来た使命やテーマ

人のサポートをすること。控えめで、常に誰かの助けになりたいと思う傾向があり、誰かとの仲を取り持ったり、親切にするのが好きな方です。温厚で協調性を重んじます。自分が人前に立つより、サポートに回ることを好み、誰とでも仲良くできる自分であろうとします。繊細ながらも平和と安心感を周囲に与えることを理想としています。自分の弱さや他人の弱さも認め、理解してあげることもテーマとして持ってきています。二極の対となるものの統合をしてください。

●やりたいことや人生の方向性を形にするために必要なこと

善か悪かを自分のさじ加減でジャッジせず、まずはありのままの状況を俯瞰《ふかん》し、冷静に受け入れることで、困難を乗り越えられる人です。

自己顕示欲に溺れずに、持ち前の柔軟性と適応力を最大限に生かすことで物事がスムーズに進むようになります。

お互いの意見を尊重しつつもいい結果をもたらすことができるので、お互いが歩み寄り、最善の方法をあなたが探してあげてください。自分に依存する人を作らないためには、待つ辛抱強さを持つことです。

ツクヨミさまは、繊細で傷つきやすいあなたを知っています。それでも、真剣に前を見て乗り越えようとするあなたが大好きです。

●祀られている主な神社

出羽三山・月山神社（山形県東田川郡）
鳥海月山両所宮《ちょうかいがっさんりょうしょぐう》（山形市宮町）
伊勢皇太神宮内・月読荒魂社・月読宮（三重県伊勢市）
松尾大社の摂社・月読神社（京都市西京区室山添町）
西寒田《ささむた》神社（大分県大分市寒田）

数秘 3

スサノオ

ラッキーカラー／**イエロー**

「海の神」スサノオさま。神さま界の荒くれ者のイメージが強い神さまですが、実は人生を変える変革者でもあります。

古事記の中でも天上界でいたずら放題して、田畑を壊し、気に食わなければ神さまでも殺してしまうなど、見た目は子ども、頭脳は大人ならぬ、「見た目は大人、頭脳は子ども」状態の、自由きままにやりたい放題の横暴っぷりを披露していますが、後に怪物ヤマタノオロチを倒した伝説や、娘の夫となるオオクニヌシを大胆な方法で成長を促す父親の姿がどこか面白くて、憎めない子どものようなユーモアのある、愛されキャラです。

数秘3を持つ人は、そんなスサノオさんのように、自分を表現するのを楽しむ楽天家で、創造と行動力に長けた、人を楽しませる存在です。

●神格

海の神、嵐の神、豊穣神、防災除疫の神、歌人の神、冥府《めいふ》の神、荒ぶる神の祖

●ご利益

開運、水難、火難、病難除去、五穀豊穣、疫病退散

●別称

素戔嗚尊《すさのおのみこと》、健速須佐之男命《たけはやすさのおのみこと》、牛頭天王《ごずてんのう》、祇園様《ぎおんさま》、天王様

●キーワード

表現力／社交的／創造／無邪気／ユーモア／楽観／知的／気まぐれ／表現力／好奇心旺盛／面白さ／エンターテイナー／楽しむ／天真爛漫／子ども／純真／自分を表現／飽き性／素直／人懐っこい／元気／お調子者／ポジティブ

●自分の内面（何を大切にしているか、何に喜びを感じるか）

「今」を楽しんでいたい人。自分が表現するもので人を喜ばせたり、笑顔にするのが好き。

●自分の外面（他人から見た自分や自分がつくり出しているキャラクター）

周囲の人から、個性的で明るく楽しい人だと見られています。遊び心があり、いつも元気に場の空気を取り持ってくれるため、人からの誘いが多い方かもしれません。その反面、人の顔色をうかがうあまり、自分と周囲のどちらを優先すればいいのか分からなくなり、がんばりすぎてしまうこともあるので、適度に自分の時間を持つようにすると、あなたらしさが保たれやすくなります。持ち前の明るさで周囲を楽しませたい時、自分の人生に向き合うと決心がついた時は、スサノオさんを頼ってください。

●生まれる前に決めて来た使命やテーマ

「子ども心を忘れない！」楽しむことや遊び心を忘れないこと。楽しそうなこと、面白そうなことがあれば躊躇《ちゅうちょ》することなく、チャレンジ。自分のアイディアで周囲を明るくすることを楽しみ、ネガティブになっている人にも笑いと喜びを提供することで、自分も幸せになります。自分を表現するのが上手で、自他ともに楽しませ、幸せにすることがあなたの理想となります。

●やりたいことや人生の方向性を形にするために必要なこと

「なんとかなる！」の楽観視が鍵。楽しいことやあまり深く考えすぎずにいることが、あなたが効率よく前へ進む秘訣です。他と意見が食い違っても、「それもいいね」や「そういうもんだ」と自他ともに考えを縛り付けないことで、あなたに居心地よさを感じて、手助けしてくれる人も多く寄ってきます。知的でアイディアが豊富な面もあるので、持ち前の明るさと楽観的思考でみんなを楽しませながら進んでみてください。一人でがんばらなくてもいいんだということを、行動でみんなに示すあなたがスサノオさまは大好きです。

●祀られている主な神社

八坂神社（京都東山区祇園町）
素盞雄《すさのお》神社（東京都荒川区南千住）
氷川神社（埼玉県大宮市高鼻町）
素鵞《そが》神社（茨城県小美玉市）
津島神社（愛知県津島市神明町）
日御碕《ひのみさき》神社（島根県出雲市大社町日御碕）
須佐神社（島根県出雲市佐田町須佐）

数秘 4

菅原道真

ラッキーカラー／**グリーン**

「学問の神」菅原道真さま。幼い頃から博学で、貴族ではない身分から右大臣まで上り詰めましたが、それを良く思わない者から嫉妬を買って、陰謀によって左遷させられ、2年後に失意のままに死去。

その後、都では疫病が流行り、皇族や貴族の原因不明の死が相次ぎ、宮中には巨大な雷が落ちることとなり、それを道真さまの祟りだと信じた人々は、怒りを鎮めるために北野に神殿を建て、道真さまを神として祀りました。

現在では、道真さまの生前の功績を称え、「学問の神」として広く愛されることとなりました。

数秘4を持つ人は、菅原道真さまのようにとってもマジメで堅実。そしてなにより、頼りがいのある存在であります。

●神格

学問の神、出世の神

●ご利益

受験合格、技芸上達、学業成就

●**別称**

菅公、天神

●**キーワード**

継続力／安定／現実的／マジメ／継続／管理／抑圧／努力家／融通が利かない／探求心／堅実／几帳面／合理的／保守的／責任感／常識人／頑固／フットワークが重い／コツコツ続ける／内向的／人見知り／神経質

●**自分の内面（何を大切にしているか、何に喜びを感じるか）**

現実的に物事に取り組むこと。地に足の着いた生き方、考え方を持ち、努力に勝る天才はないとコツコツ物事を進め、成果を残したり、人に貢献できた時に喜びに感じる。安定感があり、アイディアを形にしたり、合理的な生き方をするのが好き。

●**自分の外面（他人から見た自分や自分がつくり出しているキャラクター）**

周囲からは、頑固で理屈っぽい人と見られています。少し近寄りがたいマジメな印象を与えているので、ちょっと怖いというイメージを持たれることもしばしば。それは、仕事や人間関係においても誠実さを持って接したいと考えているためで、自分の居心地いい場所では、信頼され、よく人から尊敬されることでしょう。着実に進めたい物事がある時は、菅原道真さまに会いに行ってみてください。

●生まれる前に決めて来た使命やテーマ

あきらめずに最後までやり遂げる強さを持つこと。成果を残したり、何かを記録しておくなど形に残していくこと。責任感が強く、実行力もあり、誠実で温厚でいること。目立ちたいとはあまり思わず、なるべく人に頼らずにコツコツと努力を重ね、自分の才能とするのをあなたは理想とします。

●やりたいことや人生の方向性を形にするために必要なこと

目標のためにコツコツと努力を惜しまない堅実さ。まじめで努力家、誰に評価されるでもないことでも真剣に取り組める堅実さがあなたをより成長させてくれます。一度決めた目標・目的のために継続することは簡単なことではありません。それでもあなたは、やり遂げることができる人です。ゆっくりでも良いので、納得のいくまで努力を惜しまず、形にしようとするあなたを菅原道真さまは大好きで、見守ってくれています。

●祀られている主な神社

全国各地の天満宮
天神社
天満神社

数秘 5

オオクニヌシ

ラッキーカラー／**ターコイズ**

「縁結びの神」オオクニヌシさま。出雲大社のご祭神でもあり、この国をつくった神さまでもあります。

冒険好きで、自由人。プレイボーイで妻を多く持ち、そのため数々の女神たちを泣かせることも。それは昔の日本が母系制社会が主流だったため、その国を統治し、領土を広げるためにも必要なことだったとか。やっとの思いで治めた国も、天上界と地上界の「国譲り」の際に、あまり抵抗することなくあっさりと国を譲ることを承諾しました。

そして、アマテラスさまの指示により、目には見えない世界である「幽明界」を守る王となりました。「目には見えない世界＝縁」であり、そこから「縁を司る神＝縁結びの神」とされています。

数秘5を持つ人は、オオクニヌシさまのように、気の向くままに好奇心旺盛で、あまり執着はせず、環境への適応力抜群。縛られることを好まない自由な存在であります。

●神格

国づくりの神、農業神、商業神、医療神、医薬の神、縁結びの神

●ご利益

縁結び、子授、夫婦和合、医薬、病気平癒、産業開発、交通・航海守護、商売繁盛、養蚕《ようさん》守護（ネズミ除け）、五穀豊穣

●別称

宇都志国玉神《うつしくにたまのかみ》、大物主神《おおものぬしのかみ》、大己貴命《おおなむちのみこと》、葦原色許男神《あしはらしこおのかみ》、大穴牟遅神《おおなむちのかみ》、八千矛神《やちほこのかみ》

●キーワード

実行力／自由／楽観的／冒険心／欲求不満／飽き性／活発／積極的／多才／冒険好き／旅行好き／好奇心旺盛／適応力／柔軟／コミュニケーション能力／気まぐれ／自分勝手／自己中心的／器用／のみ込みが早い／決断力／飽きっぽい

●自分の内面（何を大切にしているか、何に喜びを感じるか）

自由であること。自由な発想で変化を起こしたり、自分の興味、関心のあることに取り組み、今この時を楽しむことが好き。

●自分の外面（他人から見た自分や自分がつくり出しているキャラクター）

何をしていても、割と許されてしまう愛される人柄を持っています。友だちや家族にも恵まれ、常に誰かと一緒にいることも珍しくありません。しかし、細かいことに気が付けない、

のんびりした印象を与えるため、無神経な振る舞いをしてしまうこともあるようです。

もし、人から傷つくようなことを言われた時は、未消化のままにしておかず、受け流せるよう、オオクニヌシさまに会いに行ってみてください。

●生まれる前に決めて来た使命やテーマ

フットワークが軽く、好奇心旺盛で束縛をきらい、自由でありたいと思っています。自ら体験したことを豊富な語彙力と表現方法で発信することで人々を魅了するのが好きな人です。

旅行好きで環境への適応力もあり、人当たりが良いので、誰とでもすぐに仲良くなれます。飲み込みが早く、なんでも器用にこなす才能を持っているので、柔軟に周囲とかかわることがあなたの理想です。

●やりたいことや人生の方向性を形にするために必要なこと

大胆な発想で常識を超えていく人です。何事も失敗を恐れずに、斬新な発想と行動力を持って立ち向かうことで循環する人。柔軟な思考とスピード感も大きな取り柄となるでしょう。

大胆さのあまり、まわりに心配されることもありますが、なぜか自然とできてしまうことも多々あります。たくさんの経験を通して学んだことを人に伝えることで勇気をもらう人が多くいるので、臨機応変に動き、助けてあげてください。

オオクニヌシさまは広い視野で多くの人とかかわろうと、困難を乗り越えるあなたのことが大好きです。

●祀られている主な神社

出雲大社（島根県出雲市大社町杵築東）
大神《おおみわ》神社（奈良県桜井市三輪）
気多神社（石川県羽咋市）
大和神社（奈良県天理市新泉）
北海道神宮（札幌市中央区宮ヶ丘）
大洗磯前《おおあらいいそさき》神社（茨城県東茨城郡大洗町磯浜）
酒列《さかつら》磯前神社（茨城県ひたちなか市磯崎町）
氷川《ひかわ》神社（埼玉県さいたま市大宮区高鼻町）

久伊豆《ひさいず》神社（埼玉県越谷市、埼玉県さいたま市岩槻区）
日吉大社西本宮（滋賀県大津市）
射楯兵主《いたてひょうず》神社（兵庫県姫路市）
金毘羅宮（香川県仲多度群琴平町）
都農《つの》神社（宮崎県児湯郡都濃町川北）

数秘 6

オオヤマツミ

ラッキーカラー／**桜色**

「山の神」オオヤマツミさま。古事記の中ではアマテラスさまの孫であるニニギさまと娘の結婚の際に、「天孫が岩のように末永く続くよう」にと願って送った娘を断られ、傷つけら

れたことで激怒するという、ちょっとお節介焼きだけど家族愛にあふれた父としての一面を持つ神さまでもあります。イザナギ、イザナミの間に生まれ、コノハナノサクヤヒメ、イワナガヒメの父。

数秘6を持つ人は、オオヤマツミさまのように、親切で深い愛情と周囲との調和を大切にする存在です。

●神格

山の神、父性の神、酒の神、草と野の神、国防の神

●ご利益

国家安泰、神恩感謝、山行《さんこう》安全、家族安全、子育て

●別称

大山津見神《おおやまつみ》、大山祇神《おおやまづみ》、大山罪神《おおやまつみ》、和多志大神《わたしおおかみ》、酒解神《さかとけのかみ》

●キーワード

忍耐力／心配性／責任感／配慮／親切／正義感／バランス／育てる／博愛主義／想像力／正義／調和／ボランティア精神／お節介／家族愛／責任感／平等／慈愛／奉仕的／思いやり／同情心／美しいもの／律儀／親身／深い愛

●自分の内面（何を大切にしているか、何に喜びを感じるか）

誰かとの仲をとりもったり、大切な人やペットなど、自分の愛するものに時間を費やすこと。自分磨きをすることであなたらしさが輝き、大切な人に大切にされるようになります。

心身ともにバランスの取れた心地いい生活を求め、周囲や人、自然と調和した生活が好き。

●自分の外面（他人から見た自分や自分がつくり出しているキャラクター）

周囲からは、才能に恵まれた人だと見られています。個性的な考え方や行動、ファッションなど人と同じことを好まず、ある意味、まわりからは期待されがちです。

自分と他人が自分に思い描く理想とのギャップに悩まされがちではあるので、そんな時は、ありのままの自分を愛していいと許可が出せるよう、広く大きな心を持ったオオヤマツミさまに会いに行ってみてください。

●生まれる前に決めて来た使命やテーマ

見返りを求めない無条件の愛。家族や仲間を大切にして楽しく暮らすことを好む人です。責任感も強く、愛情豊かで家庭的。

他人に何かを教えるのが上手で、献身的に人に尽くすことができる人。正義感で周囲との調和を図りながら、誰かの役に立つことが理想です。

●やりたいことや人生の方向性を形にするために必要なこと

安定した感覚をつかみ、周囲を整えることです。自分のことのみならず、自分とかかわる周囲のことまで配慮し、全体のバランスを整えることで、おのずと循環していく人です。

強い信念のあまり、道から逸れるものを攻撃したり、正そうとしますが、ときには、あきらめることも必要だと柔軟な視点を持つことで、あなた自身の器が広がります。場の空気を読み、人を育てることができる人なので、寛大な愛で人を見守ることができます。

オオヤマツミさまは、家族や仲間、大切な人を大切にすることができる、あなたのことが大好きです。

●祀られている主な神社

三島神社（静岡県三島市）

全国の大山祇《おおやまづみ》神社（山積神社／大山積神社／大山津見神社含む）

数秘7

タケミナカタ

ラッキーカラー／ネイビー

「地上界最強の武神」タケミナカタさま。天上界と地上界の「国譲り」の際に、最後まで抵抗し続けた神さまです。天上界から来た武神タケミカヅチに敗れはしたものの、その強さに偽りはなく、強さのあまり封印されたという説もあるほど。今でも多くの人々に勇気を与え

ています。現在は長野県は諏訪の地に鎮座して、国の安堵を見守っておられます。

数秘7を持つ人は、タケミナカタさんのように、自立心や独自のこだわりを貫く、個人主義の方が多く、自分に厳しい努力家です。

道筋を立てて周囲の人にも分かりやすく伝えることができる、理論的で頭のいい存在です。

●**神格**

力の神、スポーツの神、武神、諏訪の神、開拓の神

●**ご利益**

必勝祈願、再起、国土安穏、スポーツ上達

●**別称**

建御名方神《たけみなかたのかみ》、南方刀美神《みなかたとみのかみ》、御名方富命神《みなかたとみのみことのかみ》、建御名方富命《たけみなかたとみのみこと》

●キーワード

分析力／精神性が高い／洞察力／疑い深い／責任感／探求心／個人主義／孤独／専門的／粘り強い／説明上手／頑固／こだわり／自信家／知識／知恵／論理的

●自分の内面（何を大切にしているか、何に喜びを感じるか）

ひとりの時間を大切に、自分のペースで過ごすと心地よく感じます。静かな場所で、何かに没頭できるようなことに取り組むと思わぬ成果があります。

他人に分かりやすく説明する才能があり、興味のあることはとにかく自分でやってみることが好き。

●自分の外面（他人から見た自分や自分がつくり出しているキャラクター）

非常に頭の回転が速く、クールな人と見られています。自分独自の世界観を持っているため、ちょっと変わった人と思われがちですが、個性があまりない人からはあなたが魅力的に映り、人が寄ってくるでしょう。

しかし、言葉足らずで頑固な一面もあるので、誤解やすれ違いを起こすこともあります。そんな時は、言葉と行動が伴えるよう、サポートしてもらうためにタケミナカタさまに会いに行ってみてください。

●生まれる前に決めて来た使命やテーマ

心身ともに自立すること。マイペースに自分の道を進み、専門分野で活躍する。職人気質で個人主義、自分に厳しい努力を惜しまない人で、専門の知識を深めたことで人々や社会に貢献することが理想です。

●やりたいことや人生の方向性を形にするために必要なこと

周囲をよく観察し、決めたことを貫く強さを持つと良いです。弱音を吐くのが苦手で、人の意見に耳をあまり貸さない頑固者なので、人に頼ることを学ぶこと。

自分の才能や周囲の人の才能に気づき、活かすことができる人で、本質を見抜き、コツコツと集中的に取り組むことで物事が循環しやすくなるので、自他ともに才能を活かせるよう、力の使いどころを見極めてあげてください。

タケミナカタさまは、自分の精神性を大切に、信念を持って突き進むあなたのことが大好きです。

●祀られている神社

諏訪大社（長野県諏訪市）
全国の諏訪神社

数秘

8

サルタヒコ

ラッキーカラー／**オレンジ**

「道開きの神」サルタヒコさま。天孫ニニギさまが、天から地上界に降臨する際に天上界の神々の前に現れ、地上界への案内役を務められました。その際、嘘をついていないか、確認した「芸能の神」アメノウズメさまと、後に結婚して幸せに暮らしました。

天上界の神々も迷うほどの道をたくましく拓き、先導するその力の強さから信仰する方も多く、伝説の経営者である松下幸之助さんをはじめとする多くの経営者からも篤く信仰を受けております。

数秘8を持つ人は、サルタヒコさまのように、熱い思いで成功を手に入れる情熱的な起業家のような存在です。

●神格

道拓きの神、道祖神、道開きの神

●ご利益

起業、スタートアップ、商売繁盛、難局打破、仕事運向上、夫婦円満

●別称

猿田毘古大神《さるたひこのおおかみ》、猿田毘古之男神、猿田彦命、佐太御子大神《さだのみこおおかみ》、太郎坊

●キーワード

記憶力／野心的／タフ／実行力／主導力／高圧的／実現力／支配的／ビジネス／集中力／パワフル／情熱的／成功／富／エネルギッシュ／がんばり屋／真っ直ぐ／豊かさ／経営／無限

●自分の内面（何を大切にしているか、何に喜びを感じるか）

成功や豊かさを手に入れること。自信を持って果敢にチャレンジすること。チャレンジ精神旺盛で、家庭的な安らぎよりも束縛されずに仕事をすることを好みます。

●自分の外面（他人から見た自分や自分がつくり出しているキャラクター）

何事も屈しない強い人だと見られています。どのような困難でも簡単に乗り越えてしまう印象を与えているため、何でもできる人と尊敬されたり、リーダーの役割に抜擢されることもあります。

しかし、自分にとっては当たり前のちょっとした言動でも、相手に緊張感を与え、敬遠されることもあるので、そんな時はサルタヒコさまにゆったりと余裕を持って身構える心得を学ぶために、会いに行ってみてください。

●生まれる前に決めて来た使命やテーマ

理想的な成功を手に入れ、仲間と豊かさを共有する。休む暇もなく精力的に忙しく動きまわるのも苦に感じません。社長や経営者など権力をもち、人を管理することや、富と成功を手にすることが理想。

人々を先導する役割を持ち、目に視える世界と目に視えない世界とをつなぐ役割もあります。

●やりたいことや人生の方向性を形にするために必要なこと

熱い情熱と向上心を持って成功をつかみ取る人です。あなたの決断力と物事に対する情熱を持って進んでいくと、おのずと道が切り開かれて行きます。

あなたの得意なことをしていくうちに、人は集まり、熱い情熱と向上心を持って夢を語れば、人はおのずとあなたについてくるでしょう。自信を持ってください。

サルタヒコさまは、ゆるぎない信念と自信を持って活動していくあなたが大好きです。

●祀られている主な神社

二見興玉《ふたみおきたま》神社（三重県伊勢市二見町）
椿大神社《つばきおおかみやしろ》（総本宮：三重県鈴鹿市）
都波岐《つばき》神社・奈加等《なかと》神社（三重県鈴鹿市）
阿射加《あざか》神社（三重県松阪市大阿坂、小阿坂）
鼻節《はなぶし》神社（宮城県七ヶ浜町）
菅布禰《すがふね》神社（福島県郡山市）
御園《みその》神社（東京都大田区西蒲田）
籠祖《かごそ》神社（東京都千代田区神田神社境内社）
男石《おとこいし》神社（長野県上田市殿城）
佐那武《さなたけ》神社（石川県野々市市）
本土《ほんど》神社（岐阜県多治見市）
長澤神社（岡山県井原市大江町）
塩屋神社（広島県広島市）
佐太神社（島根県松江市）

大麻比古《おおあさひこ》神社（徳島県鳴門市大麻町）

荒立《あらたて》神社（宮崎県西臼杵郡高千穂町）

数秘 9

セオリツヒメ

ラッキーカラー／**マゼンタ**

「水の神」セオリツヒメさま。「伝説の女神」として名高い瀬織津姫さまは、神道の大祓《おおはらえ》の祝詞《のりと》に登場します。祓戸《はらえど》四神の一柱。伊勢神道の書物には、天照の荒魂が瀬織津姫と記されています。現代でも人の罪穢れを水に流す神さまとして、人々に癒しを提供しています。

数秘9を持つ人は、セオリツヒメさまのように、寛大な心で人の役に立ちたいと願う平和で包容力のある存在であります。

●神格

水の神、川の神、祓いの神

●ご利益

浄化、厄払い、癒し、リスタート、心身安全、健康祈願

●別称

十一面観音、天照大神荒魂、祓戸大神《はらえどおおかみ》、川上御前《かわかみごぜん》、日前大神《ひのくまのおおかみ》、撞賢木厳之御魂天疎向津媛命《つきさかきいづのみたまあまざかるむかつひめのみこと》、向津姫《むかつ》

●キーワード

思考力／共感力／癒し／理解力／柔軟性／ルーズ／思いやり／同情心／貢献／平和／想像力／俯瞰《ふかん》／合わせる／受け入れる／変化変容／手放し／完成／愛しむ／サポート／水／感受性

●自分の内面（何を大切にしているか、何に喜びを感じるか）

自分の力で人を癒すこと。周囲の人の幸せを願い、貢献したい。ゴミ拾いやボランティア活動など社会貢献できることが好き。

●自分の外面（他人から見た自分や自分がつくり出しているキャラクター）

周囲からはカリスマ性があり、明るさと暗さなど相反する感情が極端にあるため、少しミステリアスな印象を与えます。本人が意識していなくてもいつの間にか輪の中心になっていたり、ファンがいたりと、なかなか普通には見られない印象を与えます。

その分、周囲から期待されることも多く、マジメで一人で抱え込まなくてもいい苦労をしがちです。そんな時は、自分らしく自由に活動できるよう、自分が外に向けていた矢印を内側に向けられるよう、瀬織津姫さまに祓ってもらいに会いに行きましょう。

●生まれる前に決めて来た使命やテーマ

世界平和。高い共感力で相手を傷つけることなく、癒すことを目指しています。争いごとを嫌う平和主義で知恵があり、賢く、心が広くありたいと思っています。

全体を見渡す高い視点を持ち、奉仕精神もあるので、心優しくいることが理想です。

●やりたいことや人生の方向性を形にするために必要なこと

他人の意見を否定せず、どんなことでも受け入れ、愛を注げる受容力があなたを成功へと導きます。多くの人とかかわることで新しい視点をもらえたり、あなたの優しさに触れて癒される人や、安心する人が増えるので、良縁がまわって来やすくなります。

相手を許す力や思いやりを持ち、寛大な心で受け止められるようになるとあなたの存在は、人々に安心と信頼を与え、周囲の人の才能を伸ばしてあげることも可能となるでしょう。

セオリツヒメさまは、自分のように人の穢れを祓うことができる、癒しの力を持ったあなたのことが大好きです。

●祀られている主な神社

瀧澤神社（宮城県仙台市青葉区本町）
宇奈己呂和気《うなころわけ》神社（福島県郡山市）
日比谷神社（東京都港区）

小野神社（東京都多摩市、府中市）
瀧川神社（静岡県三島市）
瀬織津姫神社（石川県金沢市）
池宮神社（静岡県御前崎市桜ヶ池）
槻《つき》神社（愛知県北設楽郡東栄町）
片山神社（三重県亀山市）
佐久奈度《さくなど》神社（滋賀県大津市）
建水分《たけみくまり》神社（大阪府南河内郡千早赤阪村）
井関三《いせきさん》神社（兵庫県たつの市）
六甲比命《ろっこうひめ》神社（兵庫県神戸市）
速川《はやかわ》神社（宮崎県西都市）
早池峰《はやちね》神社（岩手県遠野市、花巻市大迫町他）
佐久奈止《さくなど》神社（長崎県西海市）

数秘 11

フツヌシ

ラッキーカラー／**シルバー**

「剣の神」であり「直感の神」、フツヌシさま。天上界最強の武神タケミカヅチさまと、敵を切らずに降伏させる無敵の刀剣であるフツヌシさまが「国譲り」の時に大活躍しました。

フツヌシの「フツ」は、「ふっと、何かを思い立つ」の「ふっ」の音を表しているとも言われており、そこからインスピレーションや直感をもらいたい時、アイディアを活かしたい時に力になってくださいます。

また、剣が不要な縁（糸）を切ることから縁切りの神さまともされています。

それを表しているかのように、数秘11を持つ人は「1」の数字が剣を模しており、さばさばとしていて自分をごまかすのが苦手です。すぐに思ったことを口に出すような性格で、インスピレーションも多い直感型の存在です。

●神格

縁切りの神、直感の神、剣の神

●ご利益

縁切り、良縁成就、感性向上、厄除祈願、技芸上達、心身健全、勝運

●別称

経津主神《ふつぬしのかみ》、斎之大人《いわいのうし》、伊波比主命《いはいぬしのみこと》、布都怒志命《ふつぬしのみこと》、普都大神《ふつのおおかみ》、香取《かとり》神、香取大明神

●キーワード

神通力／直感／想像力／神経質／感受性／伝達力／話に間投詞が多い／ヒラメキ／宇宙からのメッセージ／繊細／自然／シンクロニシティ／神聖／第六感／妄想／大胆／美的センス

●自分の内面（何を大切にしているか、何に喜びを感じるか）

自分の直観やインスピレーションを大切にする。それを周囲の人に言葉として伝えたり、発信すること。

●自分の外面（他人から見た自分や自分がつくり出しているキャラクター）

比較的なんでも思い通りに行き、羨ましがられることが多い人です。仕事も仲間にも、割と難なく恵まれることも多いため、妬みを抱かれることもあるようです。

悪気はなくとも、人から鼻についたり目立ってしまうため、謙虚さを忘れずに、冷静に行

動できるよう、フツヌシさまに会いに行ってみてください。

●生まれる前に決めて来た使命やテーマ

周囲にも直観を活かして、楽しい人生を送ってもらいたいと思っています。言葉の表現は抽象的になりがちですが、それでも個性的で独創性を活かし合える世界を目指しています。人が変わる切っ掛けや気づきを与えたいようです。

独自のインスピレーションを活かし、多くの人々に影響を与え、正しく導くことが理想です。

●やりたいことや人生の方向性を形にするために必要なこと

直観が幸運を呼ぶ。何かインスピレーションが湧いた時は疑わず、すぐやること。導かれるがままに行動に移していればおのずと循環します。

自分としては、納得のいかない結果であったとしても、他からしてみれば成功していることも多く、自分の意識が高いせいでネガティブに陥らないように注意してみてください。

肩の力を抜いて、自然体でいることがあなたをより良い方向へ進ませてくれます。

フツヌシさまは、直観を疑わず、行動に移せるあなたが大好きです。

●祀られている主な神社

香取神宮の総本社（千葉県香取市）
全国の香取神社
春日大社（奈良県奈良市、大分県大分市）
吉田神社（京都府京都市）
西院《さいいん》春日神社（京都府京都市）

数秘

22

アメノウズメ

ラッキーカラー／**ゴールド**

『芸能の神』アメノウズメさま。
アマテラスさまがスサノオさまの横暴さを嘆き、岩戸にこもってしまった天岩戸開きの際

に、岩戸に閉じこもったアマテラスさまをおびき出すために、恥じることなく大胆な芸を披露し、神々を喜ばせ、その様子が気になったアマテラスさまが外の世界に顔を出すきっかけとなりました。

天孫降臨の際も、先導を申し出るサルタヒコさまの真偽を見抜くなど、随所で強烈なインパクトと、現代でも多くのファンを持つ群を抜いたカリスマ性を持つ神さまです。

数秘22を持つ人は、アメノウズメさまのように、人々に大きな夢や希望を与えられる不思議な力を持つ存在です。

●神格

芸能の神、夫婦円満の神、縁結びの神、芸道の祖神、鎮魂の神

●ご利益

芸事向上、夫婦円満

別称

天宇受売神《あめのうずめのみこと》、天鈿女命《あめのうずめのみこと》、宮比神《みやびのかみ》、大宮売神《おおみやのめのかみ》、於須女《おすめ》、猿女《さるめ》

キーワード

探求力／執着／エネルギッシュ／カリスマ性／高い理想／頑固／忍耐力／実行力／コミュニティ／交流／政治家／正義感が強い／平和／自分に厳しい／目立つ／高い理想／直感／使命感／達成

自分の内面（何を大切にしているか、何に喜びを感じるか）

自分の思い描く理想が何かを確かめたい人。好き嫌いがはっきりしていて、スケールの大きいことをするのが好き。ひとつのことよりも多岐にわたり活躍したいと思います。

自分の外面（他人から見た自分や自分がつくり出しているキャラクター）

周囲からはいつも楽しそうで、引きの強い人と見られています。能力が高いために周囲からは、理想が現実離れをしているとも思われがちです。

稀にみるカリスマ性で人々を魅了し、自然と周囲からのサポートも集まりやすいタイプなので、調子に乗ってしまうと、苦労知らずで人の気持ちが分からない人と反感を買いやすくなります。そんな時は、笑顔を絶やさず、周囲にもケアできる余裕を持てるようにアメノウズメさまに会いに行ってください。

●生まれる前に決めて来た使命やテーマ

あの世とこの世、理想と現実など相反するものをつなげたり融合したり調和をとること。能力が高いためついて来てくれない周囲に苛立ちを覚えたりすることもありますが、あなたの理想の世界は、互いが個性を尊重し合える幸せな世界です。理想を現実にし、夢や希望を与えることです。多様性のある価値観を活かすことを理想としています。

●やりたいことや人生の方向性を形にするために必要なこと

困難を乗り越え、新しい世界を生み出しましょう。明るさとパワフルな実行力でどんな困難でも克服していくことで、今まで達成することができなかった世界を仲間と楽しむことができる人です。

理想を現実的に考えることができたら、霧が晴れるように明るく活動的になります。周囲を楽しませる力もあるので、立場や名誉にこだわりすぎず、人の役に立って感謝されることであなたに自信がついたり、それを励みにより前進し続けることでしょう。器用になんでもこなせる人なので、経験をたくさん積むことにより、いずれ大きなプロジェクトをする時も来るかもしれません。

アメノウズメさまは、屈することなく、新しい世界を生み出そうと挑戦するあなたのことが大好きです。

●祀られている主な神社

佐倍乃《さえの》神社（宮城県名取市）
御園神社（東京都大田区西蒲田）
太田神社－牛天神北野神社（東京都文京区春日）の境内社。
鈿女《うずめ》神社（長野県北安曇郡松川村大仙寺）
火之御子社《ひのみこしゃ》－戸隠《とがくし》神社（長野県長野市）の境内社。
小古曽《おごぞ》神社（三重県四日市市小古曽町）

椿岸神社《つばききし》（三重県四日市市智積町）
椿大神社《つばきおおかみやしろ》（三重県鈴鹿市）
長峯神社《ながみね》（三重県伊勢市古市町）
佐瑠女神社《さるめ》（三重県伊勢市宇治浦田）猿田彦神社の境内社
千代神社《ちよ》（滋賀県彦根市）
増御子神社《ますみこ》（奈良県天理市新泉町星山）大和神社の境内社。
賣太神社《めた》（奈良県大和郡山市稗田町）
芸能神社（京都市右京区嵯峨）車折神社《くるまざき》の境内社
荒立神社《あらたて》（宮崎県西臼杵郡高千穂町）
全国の宮比神社《みやひ》
伊勢神宮内宮
大宮神社（千葉県若葉区）

数秘 33

イザナミ

ラッキーカラー／**レインボー**

「国生みの女神」イザナミさま。

この日本の国土と、それを育んだ多くの自然神を産んだ女神さまです。そこから子宝にご利益があるとされています。

しかし、国と神を産んだイザナミさまはその後、火の神を産んだことで大やけどを負い、命を落としてしまいました。悲しみに暮れた夫のイザナギさまが、黄泉の国までイザナミさまを追っていきましたが、そこで醜く変わり果てたイザナミさまの姿に絶望し、イザナギさまは逃亡。

その行動に激怒したイザナミさまによって日本初の夫婦喧嘩が勃発し、二人は永遠に別れることになりました。深い愛と怒りの二面性を持つ女神さまです。

数秘33を持つ人は、イザナミさまのように深く広い愛で、この世にどう貢献しようかと考えるスケールの大きい存在であります。

●神格

子授けの神、安産の神、最古の夫婦神、国生みの女神

●ご利益

子宝成就、安産、夫婦円満、心願成就

●別称

伊邪那美命《いざなみのみこと》、伊弉冉《いざなみ》、伊邪那美、伊耶那美、伊弉弥、黄泉津大神《よもつおおかみ》

●キーワード

天然／貢献力／豊かな感性／無条件の愛／変わり者／火事場のバカ力／ヒーリング／革命を起こす／スケールが大きい／ユニーク／スピリチュアル／宇宙人／平和／ミラクル／無関心

●自分の内面（何を大切にしているか、何に喜びを感じるか）

複雑で変わり者。自分でも自分の取り扱いが分からなくなることや生きにくさを感じることが多いですが、普遍的な愛を伝えるスケールの大きい人。

他人からは、理解されにくい、悟りの境地をかいま見て、言語化できずにいることもあります。

愛と喜びで人を救うことに喜びを感じます。

●自分の外面（他人から見た自分や自分がつくり出しているキャラクター）

周囲からは、二面性を持った変わった人と見られています。幼い頃からまわりとの調和を図るのにむずかしさを感じて来た人もいるかもしれません。

無邪気な面があったり、他人の言動に対して母親のように優しくそっと見守れる素質を持つので、「話したら案外、面白い人」とギャップを持たれるかもしれません。

性格は心穏やかで、のんびり屋。自分の本当の望みを叶え、自分が歩く道を進み、自分の社会的使命を果たしていくことで、あなたの魅力があふれてきます。変わっていることも魅力ですので、二面性を持った自分を楽しめるよう、イザナミさまに会いに行ってみてくださいね。

●生まれる前に決めて来た使命やテーマ

無条件の愛で人々を癒す人です。変化を恐れず周囲の人々を癒すことが目的。「あなたのおかげで、楽になった」、「あなたに出会えてよかった」と言ってもらえるような人になることが理想。新しい発想で新しいものを生み出すことで人々に喜んでもらう。

人々を笑顔にして、自他ともに大切にする生活が理想です。

●やりたいことや人生の方向性を形にするために必要なこと

大切なもののために変化を恐れないことです。

まずは、自分を徹底的に癒しましょう。身体が疲れているのなら、良質な睡眠やマッサージ、整体に行くなど身体を整えて！　心が疲れているのなら、旅行や買いものなど赴くままにお出かけしてみたり、ストレスを発散できる方法を見つけてください。

周囲の人に優しく寄り添い、相談に乗ったり、何かあった時はさりげなくフォローができるような察知能力と癒しの力を、人々のために使うことで自分も成長していきます。

人とは違った、豊かな感性を大切に表現していくことで、あなたの魅力に気づいて人が寄って来るでしょう。

イザナミさまは、自分の力を信じ、変化を恐れないあなたが大好きです。

●祀られている主な神社

比婆山《ひばやま》久米神社（島根県安来市）

熊野大社（島根県松江市、山形県南陽市）

熊野神社（広島県庄原市、東京都新宿区、千葉県四街道市）

遥拝《ようはい》神社（熊本県八代市）
熊野速玉《はやたま》大社（和歌山県新宮市）
揖屋《いや》神社（島根県八束郡）
花窟《はなのいわや》神社（三重県熊野市）
神魂《かもす》神社（島根県松江市）
伊弉諾《いざなぎ》神宮（兵庫県淡路市）
皇大神宮別宮の伊佐奈弥宮《いざなみのみや》（三重県伊勢市）
三峰《みつみね》神社（埼玉県秩父市）
多賀大社（滋賀県犬上郡多賀町）
筑波山神社（茨城県つくば市）
闘鶏《とうけい》神社（和歌山県田辺市）
飯盛神社（福岡県福岡市）
佐太《さだ》神社（島根県松江市）
伊射奈岐《いざなぎ》神社（吹田市山田東）
伊射奈美《いざなみ》神社（徳島県美馬市穴吹町論社、式内小社）

左右神社（千葉県香取郡東庄町）

波上宮《なみのうえぐう》（沖縄県那覇市）

山家《やまが》神社（長野県上田市）

《おわりに》

この本をいま、手に取り、読むきっかけになったのもあなたの傍《そば》にいる神さまがご縁をつなぎ、それをちゃんとあなた自身がキャッチしてくださったからこそです!!　ちゃんと受け取ってくださる素直な心の持ち主のあなたに読んでいただけて、心から嬉しく思います。ありがとうございます。

いかがだったでしょうか？　予想をはるかに裏切る神さまの姿に、驚かれた方もいるかもしれませんね。

でも、私はこのオネエの神さまに出会い、オネエの神さまと友だちになったことで、急激に人生を好転させることができました。

神さまが見える見えないは、関係ありません。

この本の中で出てきた、私が神さまから与えられたテーマ。それは、「真実の神さまの姿を伝えながら、今を強く生きる」ことです。

英国の経済学者であるアーノルド・トインビーが言った有名な言葉に、「自国の神話や歴史を忘れた民族は必ず滅びる」というのがあります。

海外へ行くと当たり前のように母国の神さま（宗教）は誰か聞かれます。それは、相手の価値観・倫理など大切にしている考え方を知るためです。しかし、今の日本はどうでしょう。日本の学校教育では、『古事記』『日本書紀』の名前は出てきても内容までは学びません。

ここで私が伝えたいのは、特定の宗教や神さまをお祀りしなければ絶対に幸せになれないということではありません。日本の神話の中には、この国の成り立ちや、当時の権力者による都合のいい歴史的変更もあったかもしれませんが、それも含めて、今の日本がある歴史なのです。

神話を知ることで、神さまたちの経験した教訓が今の私たちに知恵として活かされたり、ある程度保証された豊かな環境で生活できていることへの感謝、私たちが今をより良く生きるためのヒントがそこに隠されているからだと思うのです。

古来の日本人が大切にしていたのは、神さまの名前が出てくるような人神信仰ではなく、神も仏も超越した生きとし生けるもの「森羅万象そのものへの感謝の気持ち」が、そこにはあったのです。

それでは漠然として分からない人のために人神として擬人化したり、偶像として崇拝したのでしょう。１００ｍ先のものが見えたり感じたりできないので、距離を近くして分かるように視点を変えて伝えた一種の方法だったのです。

科学的、肉体的、精神的さまざまなものの視点を知る中で、バランスを取りながら現実世界で強く生きること。

人と本来の神さまが自然に、当たり前のように思い思われ、愛し愛され、支え支えられてきた、はるか昔の時代の面影を、この時代にバランスよく取り戻すことが、私が今回、与えられた神さまからのテーマだと思っています。

神さまはいつでも待ってくれています。私たちが気づいて、歩み寄ってくる時を今か今かと待って、さまざまなメッセージを送ってくれています。

「この本や古事記や神さまの物語を読んだ時に、やけに気になる神さまがいる」

「印象に残った神さまのストーリーがある」

「最近、何度も同じ神社の情報が耳に入ってくる」

「神社に行った時、ふと懐かしい気持ちがした」

こういった一つ一つはすべて、神さまがあなたを呼んでいるということです。「私なんて」、「呼ばれるはずがないわ」と思うなら、心の穢《けが》れを祓《はら》い、素直な気持ちでまっすぐに、神さまの胸に飛び込んでみましょう！　あなたのことを待ってくれていた神さまが、笑顔で迎えてくれるはずですよ。

これからは、神さまたちとの相思相愛の光のエネルギーに包まれながら、安心して個性を高め合える仲間と共に進んでまいりましょう。

最後になりますが、株式会社ナチュラルスピリットの今井社長、ご縁をつないでくださった出版プロデューサーのおかのきんやさま、編集の磯貝いさおさま、イラストのＡＲＩさま、そして、この本に携わってくれたすべての皆さまに心より感謝いたします。

いつか、自分の息子を含め、子どもたちが成長していくなかで、過去の私のように人生に迷ったり、壁にぶつかった時に、この本を読んで、「強く生きる」支えとなることを祈っています。

この本が、あなたやあなたの家族、私の家族、生まれ育った地域の方々にとって、新たな神さまの形の１ページとなり、守ってくださっている地域の方々、神さまへのご恩返しとなりますことを心から祈って。

令和五年二月

春芽もあ

著者プロフィール

春芽《はるめ》もあ

1992年4月10日生まれ。1児の母。
北海道の道東、摩周湖がある自然豊かな弟子屈《てしかが》町で生まれ育つ。
美容専門学校卒業後、国際資格を持つプロのエステティシャンとして
有名モデルや女優も含め、約3千人以上を施術。
パワハラに耐えながら仕事をしていくうちに、うつ病を発症し、
心身ともに壊れていく中でひょんなことから神さまと出会い、人生が激変。
その神さまとの話や胎内記憶といわれるお母さんのお腹の中にいた時の記憶、
地球に来る前の空での記憶などを書いたブログが大人気に。
今は、日本全国の神さま・神社を伝え広げる活動をしている。

※『神社と「和」の幸せ情報誌 -WAGO-』の企画の中で
　正しい神さまの祀り方を伝える「神棚ガール」としても活動。

サイトURLのQRコード

ウツになったら、神さま見えました

●

2023年2月21日　初版発行

著者／春芽もあ

イラスト／ARI
装幀・DTP／鈴木 学
編集／磯貝いさお
企画協力／おかのきんや（企画のたまご屋さん）

発行者／今井博揮
発行所／株式会社 ナチュラルスピリット
〒101-0051 東京都千代田区神田神保町3-2 高橋ビル2階
TEL 03-6450-5938　FAX 03-6450-5978
info@naturalspirit.co.jp
https://www.naturalspirit.co.jp/

印刷所／中央精版印刷株式会社

ISBN978-4-86451-429-3 C0095